地理趣闻

DILI QUWEN

李 玉 编著

中原出版传媒集团
中原农民出版社
·郑州·

图书在版编目（CIP）数据

地理趣闻 / 李玉编著 .—郑州：中原农民出版社，2014.12

（小学生好奇的知识世界）

ISBN 978-7-5542-1102-1

Ⅰ . ①地… Ⅱ . ①李… Ⅲ . ①地理—世界—少儿读物 Ⅳ . ① K91-49

中国版本图书馆 CIP 数据核字（2014）第 308290 号

策 划 人　孙红超
责任编辑　连幸福
责任校对　钟　远
封面设计　王议田

出　版：中原农民出版社
地　址：郑州市经五路 66 号　电话：0371-65751257
邮编：450002
发行单位：全国新华书店
承印单位：三河市南阳印刷有限公司
开本：710mm×1010mm　　　　1/16
印张：13
字数：145 千字
版次：2015 年 5 月第 1 版　　印次：2020 年 1 月第 4 次印刷
书号：ISBN 978-7-5542-1102-1　　定价：32.50 元
本书如有印装质量问题，由承印厂负责调换

前 言

兴趣是最好的老师，兴趣是最大的动力，要在某方面快乐而持续地钻研下去离不开兴趣。

兴趣是因何而产生的呢？兴趣的产生源于好奇心。

中小学生有着最强烈的好奇心。很多在成人看来很平常的事情，他们则可能会觉得新奇，会对其产生浓厚的兴趣。而许多教育者对这种现象没投入足够重视，认为他们"见识少、少见多怪"，对那些事感到新奇很正常。这其实忽略了启发他们更有效学习知识的绝好机会。

中小学阶段是人生积累知识的最重要阶段之一。充分利用学生好奇心强的特点，激发和培养他们的学习兴趣，让他们自发、快乐地投入到学习中去，这样积累知识比机械要求他们广泛阅读背诵要快速高效得多。

为了有效引导广大学生的好奇心，激发和培养他们的兴趣，我们搜罗千奇百怪、妙趣横生的故事，汇集古往今来的科学秘密、历史趣闻、地理大观、奇趣动植物、生活中的科学、科学奇人奇事、奇妙的数学、宇宙大探秘等编写了这套书。

该套书语言通俗易懂，内容广泛，贴近中小学生生活和学习，处处凸显科学性、文学性和趣味性，能不知不觉地把他们的思维发散到广袤的神奇世界中，是广大中小学生快速积累知识不可多得的读物。

《历史秘闻》搜集古今中外的各类历史要闻，并揭开历史背后的真相，找寻尘封在书卷中的历史秘闻，以全面扩展中小学生的历史视野，解开他们心中的迷惑，开启他们的智慧之门。

《地理趣闻》运用优美而充满趣味性的语言激发中小学生的学习热情。奇特的沙漠、神秘的死亡谷、壮观的钱塘潮、奇特的万年冰洞等，不仅使他们了

地理趣闻

解地理知识，还将他们带入探索神奇现象的境界。

《奇趣生物》选取了一些濒临灭绝的珍稀动植物。从可爱的树袋熊到英武的白头海雕，从国宝级的大熊猫到被誉为"活化石"的扬子鳄，从食肉的猪笼草到结"面包"的猴面包树，从美丽的银杏树到魁梧的红杉等无数稀有而有趣的动植物，我们都较为详细地介绍了其独特形态和习性。

《数学之谜》有故事中的数学趣闻，有童话中的数学之谜，还有生活中的数学难题。它集趣味性和科学性于一体，将数学与我们生活的关联性生动形象地展现了出来。

《天文百科》从宇宙探索开始，从恒星、行星、彗星、流星等方面着手，比较全面地阐述了有关天文领域的知识，图文并茂，可读性强，是引导中小学生了解天文知识的启蒙图书。

好奇孕育兴趣，兴趣是学习和研究最大的动力，学习和研究是人类发明创造的基础，是人类不断进步的最原始推动力。我们要充分利用和引导好奇心，带着一颗好奇心走进神奇的未知世界，走向奇妙的知识世界。

如今科学高度发达，但已知世界和未知世界是圆圈内部与圆圈外部的关系——我们已知的越多，就意味着未知的更多，因而需要我们探索的未知世界是越来越广阔的。这需要我们时刻保持一颗好奇的心，有浓厚的兴趣，努力去学习、探索、研究、破解。

目 录

第一章 海洋中的奥秘

神秘的亚特兰蒂斯…………………………………………… 2
地球的黑洞…………………………………………………… 5
海底洞穴探奇………………………………………………… 6
大海深处的秘密……………………………………………… 9
壮丽的海底峡谷……………………………………………… 12
诡异的不明潜水物USO……………………………………… 15
诱人的海底公园……………………………………………… 22
海底人鱼之谜………………………………………………… 24
神秘的海底之光……………………………………………… 28
海底热泉的奥秘……………………………………………… 29
海底奇妙的声音……………………………………………… 35
海底的天外来客——星屑…………………………………… 37
"阿波丸"号邮轮葬身海底之谜……………………………… 39
海底的深渊——海沟………………………………………… 43
能"粘"住船的海水…………………………………………… 49

地理趣闻

第二章 神出鬼没的水怪

太平洋中的大海怪……………………………………… 52
尼斯湖水怪之谜………………………………………… 55
长白山天池水怪之谜…………………………………… 58
新疆喀纳斯湖的"水怪"………………………………… 61
美国尚普兰湖怪………………………………………… 65
猎塔湖水怪……………………………………………… 67
青海湖水怪……………………………………………… 71
拉加尔河水怪…………………………………………… 73
食人水怪"坦克鸭嘴"…………………………………… 73
欧肯纳根水怪…………………………………………… 74
加拿大著名水怪奥古布古……………………………… 75
铜山湖水怪……………………………………………… 76
肯伟岛水怪……………………………………………… 78

第三章 地球上的奇特现象

奇特的沙漠……………………………………………… 80
神秘的死亡谷…………………………………………… 83

目 录

壮观的钱塘潮……………………………… 87
一天3次日出日落的地方 ………………… 92
奇怪的南极洲不冻湖……………………… 94
奇特的万年冰洞…………………………… 97
奇妙的坡地逆温现象……………………… 101
奇趣倒淌河………………………………… 102
奇怪的山区焚风…………………………… 105
奇特的悬湖——洪泽湖…………………… 109
神奇的贝加尔湖…………………………… 112
美丽而神奇的马拉开波湖………………… 115
奇湖大观…………………………………… 118
冰与火交融的冰岛………………………… 121
地球的伤疤——东非大裂谷……………… 124
奇特的雅丹地貌…………………………… 128
炫目的丹霞地貌…………………………… 131

第四章　星空探秘

月球奇异现象之谜………………………… 134
"阿波罗"登月谜事迭生…………………… 138
月面新发现震惊世人……………………… 143
月亮是"人造"的吗……………………… 147
金星上的大海之谜………………………… 152
揭开人类对彗星的敬畏之谜……………… 154
非同寻常的"雨水"……………………… 157

地理趣闻

第五章 时光倒流之谜

火山口上的神秘足迹……………………………162
人类的祖先7万年前差点灭绝………………………165
5000万年前的"巨人堤道"…………………………167
不可思议的时间静止和倒退…………………………171
海啸冲出印度古文明…………………………………175
苏联"时光倒流"绝密实验内幕……………………178
神秘的时光倒流街道…………………………………182
千年古城以弗所………………………………………185
玛雅古城探秘…………………………………………188
莫高窟劫难实录………………………………………195

第一章　海洋中的奥秘

地理趣闻

神秘的亚特兰蒂斯

亚特兰蒂斯，在柏拉图的著作和希腊神话中出现的一个神秘地区，一个人类至今无法解答的谜。

柏拉图在他的著作《对话录》中，记录着由他的表弟柯里西亚斯所叙述的亚特兰蒂斯的故事。柯里西亚斯是苏格拉底的门生，他曾经3次强调亚特兰蒂斯的真实性。柯里西亚斯说，故事是他的曾祖父从一位希腊诗人索伦那里听到的。索伦是古希腊七圣人中最睿智的，索伦在一次埃及之旅时，从埃及老祭师那里听到亚特兰蒂斯之说。索伦和老祭师的对话大意如下：在地中海西方遥远的大西洋上，有一个以先进的文明自夸的大陆。大陆上出产无数的黄金和白

第一章　海洋中的奥秘

银，大陆上的所有宫殿都由黄金墙根及白银墙壁所建成。宫内墙壁也镶满了黄金，金碧辉煌。在那里，文明的发展程度令人难以想象。有设备完善的港埠及船只，还有能够载人飞翔的物体。这个文明的影响范围不只局限于欧洲，还远及非洲大陆。这个大陆在3500年前因圣多里尼火山爆发而遭埋没，在一次大地震之后，它沉落海底，它的文明随之在人们的记忆中消失。

柏拉图在2000年前述说的这个大陆，令许多人为之向往，但没有人能提出有力的证据证明亚特兰蒂斯确实存在过。因为亚特兰蒂斯在一场火山爆发引起的大地震及洪水中永远沉入了海底。根据柏拉图的记述，由于亚特兰蒂斯的文明程度极高，国势富强，社会渐渐开始腐化，那里的人们贪财好富，利欲熏心，遂发动征服世界的战争。然而，他们遇到强悍的雅典士兵的抵抗而吃了败仗。亚特兰蒂斯这种背弃上帝眷顾的行为，导致天神震怒，天神因而唤起大自然的力量，消灭了这个罪恶之地。

地理趣闻

亚特兰蒂斯大陆的海岸险峻，中央却有宽阔肥沃的平原，在距外海9千米处是首都波塞多尼亚。这座都市十分富裕繁华，其市中心有王宫和奉祀守护神波塞冬的壮丽神殿。另外，在波塞多尼亚的四周还建有3层的环状运河。最外侧的运河宽500米，可通行大型船只，这些运河都以宽100米的河道和外海衔接。神殿是以黄金、白银、象牙或如火焰般闪闪发光，名为"欧立哈坎"的金属装饰而成。岛上的所有建筑物都以当地开凿的白、黑、红色的石头建造，美丽而壮观。环状都市外有宽广的平原，四周被深30米、宽180米、全长达1800千米的沟渠所环绕，内侧的运河，则以每18千米纵横交错的方式围绕着，就好像是棋盘的格子一样整齐方正。人们就用运河的水种植谷物和蔬菜，并用运河将产品搬运到消费地区。在水路和海相接之处有3座港口，港口的附近有密集的住宅区，从世界各地前来的船只和商人络绎不绝地往返于3座巨大港口之间，港口一带因此昼夜喧嚣不已。亚特兰蒂斯的平原被分割成90000个地区，每个地区设有一位指挥官。这位指挥官拥有调度战车1辆、马2匹、骑兵2名、轻战车1台、步兵和驾驶者各1名的权力。除此之外，他还能调度12名战斗员和4名水兵。拥有强大国力的亚特兰蒂斯，开始越过直布罗陀海峡，侵略别国了。勇敢地抵抗亚特兰蒂斯进攻的是雅典人。在双方激战后，雅典人终于击退了亚特兰蒂斯军队，保卫了国家独立和人民的自由。但雅典人未知的悲惨命运却发生了。因为当时爆发了恐怖的地震和洪水，雅典的军队在灾难中受到了毁灭性的打击，而亚特兰蒂斯也沉入大海中，从地球上永远消失了。

第一章　海洋中的奥秘

地球的黑洞

神秘的百慕大三角既让人胆怯又让人向往，传说，它的中心是地球黑洞。不断发生的离奇事件让很多人都想去百慕大三角一探究竟。据不完全统计，迄今为止，在百慕大发生的失踪案约有200起，失踪的飞机和船只约有250架(艘)。有人猜测，在百慕大三角的海底存在着黑洞，能够吞噬出现在黑洞周围的一切物质。

失踪事件本身就十分神秘，而在百慕大三角发生的失踪案更具离奇色彩，因为在这里失踪的飞机或船只会再次出现在人类的视野中。1981年，一群游客在百慕大三角海域的巴哈马岛游玩时，

地理趣闻

发现天空中飞来一架战斗机。这是一架二战期间美国空军使用的"野马"式战斗机。游客们饶有兴致地欣赏着这架老式战斗机的"飞行表演",还有人掏出相机拍照留念。人们都以为这是旅游公司特意为大家安排的助兴节目。谁会想到,就在他们鼓掌欢呼的时候,那架战斗机竟然向地面开火了。惊慌失措的游客吓得四处逃窜,而战斗机却在瞬间消失得无影无踪了。旅游公司认为这是美国空军在搞怪,于是一纸诉状将美国空军告上了法庭。不料,美国空军的官员见到照片后大吃一惊。他们承认,那天游客看到的老式战斗机的确是他们的,但那架飞机早在39年前就在百慕大三角上空失踪了。

1995年,一位名叫格莱德的美国天文学家在用计算机控制的天文望远镜观察火星时,竟意外地看到4架二战时期"克鲁门复仇"式轰炸机在火星空域编队飞行。

海底洞穴探奇

浩瀚神秘的海底,到处都有神秘的洞穴。并且,海底洞穴有着许多令人不解的谜。

印度洋有一个"无底洞",位于印度洋北部海域,半径约3海里。

印度洋的洋流属于典型的季风洋流,受热带季风影响,一年有两次流向相反的洋流。夏季盛行西南季风,海水由西向东顺时针流动,冬季则相反。

第一章　海洋中的奥秘

"无底洞"海域则不受这些变化的影响，几乎呈无洋流的静止状态。1992年8月，装备着先进探测仪器的澳大利亚"哥伦布"号科学考察船在印度洋北部海域进行科学考察。他们认为"无底洞"可能是个尚未被认识的海洋"黑洞"。根据海水振动频率低且波长较长的特点，"黑洞"可能存在着一个由中心向外辐射的巨大引力场，但这个说法仍有待于进一步的科学考察来验证。

在西班牙沿岸的海湾，有一个海底洞穴。某一天黎明，潜水员西里维亚和他的法国朋友比诺宜特等人一起来此进行潜水探险工作。西里维亚和比诺宜特潜入到冰凉的低潮海水中时，他们同时发现远处仿佛有一股粉白色的灯光从岩礁前边发射出来。于是，他们就想游到那里看个究竟。经过仔细观察，他们发现这股强烈的灯光是从水下一个洞口处射出来的。这个洞口通向一个狭长的岩洞。他们为了探索这个洞穴，艰难地潜游了半个多小时，游着游着，突然间，粉白色的灯光不见了。他们完全沉陷在茫茫

的黑暗之中,只好掉头慢慢往回游。

在一些海底洞穴中,不仅有千姿百态的钟乳石,巍峨挺拔的石林,还发现有古象胫骨、古鲨鱼牙齿以及旧石器时代人类使用的投掷标枪等遗物。

1975年,美国海洋学家们在墨西哥湾那不勒斯附近海底洞穴的峡谷中发现了一片淡水泉眼,泉水温度为97℃。在泉眼附近一堆10米多厚的沉积物中挖出了一个远古人类的下颌骨,在一块重7吨左右的圆石底下还找到一块钟乳石,在钟乳石下的沉积物中有一堆古代人类遗骨残骸。据海洋学家们分析,这里很可能是古代葬场的遗址,在附近还有一块重达20吨的大块钟乳石,它横卧在岩洞深处的海底。洞穴学家与考古学家采集了许多标本带回实验室,同时使用放射性碳元素进行鉴定分析,确信这些人类骨骼残骸属于生活在美洲的远古人类,他们生活的年代约为公元前8360年～公元前6000年,而这些巨大的钟乳石的地质年代就更为久远了。

后来,科学家们在海底洞穴中又找到了一枚5亿～2250万年前古生代巨大长毛象的臼齿,两枚较小的乳齿象的牙齿,一枚粗大的乳齿象的弧形门齿。这些稀有的史前遗物已经在大洋深处沉睡了几亿年,它们之所以能保存下来,是由于海底洞穴过去一直是"禁区",在没有先进技术装备的情况下,人类是无法进入的。如今,充满着神秘的海底洞穴世界,吸引了众多勇敢和好奇的探险者们的浓厚兴趣。随着科学技术的不断进步与发展,西方一些国家还把海底洞穴探险作为一项新兴起的运动。它的刺激性、冒险性深深吸引着探险家们。现在,探险家们可以系上混合气体的气筒,或类似太空宇航员们用的循环再用气筒、海底滑行车、大功率的照明器材、

第一章 海洋中的奥秘

安全带等现代化的装备潜入海底100米、200米、300米的洞穴中，勇敢地探索着海底洞穴的神奇与诡秘。

大海深处的秘密

长达六七厘米、由一个细胞构成的原生动物，尾巴细长如老鼠的鼠尾鱼，浑身晶莹剔透的龙虾和海参，含30多种金属元素的锰结核……比1956年在戛纳电影节引起轰动的深海题材纪录片《静谧的世界》更逼真更独特的画面让世界为之惊叹——2011年8月18日，中国首个自主设计的深海载人潜水器"蛟龙号"凯旋，再现了5000米海底的神奇。

地理趣闻

"每一个寂静的夜晚，我都能在梦里看见你、触摸你，因而确信你仍在守候……"每当电影《泰坦尼克号》主题曲那婉转凄美的旋律缓缓响起，总会有人想起1985年美国"阿尔文"号载人深潜器在大西洋海底和邮轮泰坦尼克号的一面之缘。然而，除了这些鲜为人知的秘密，大海深处还有什么？海洋还将给人类带来什么惊喜？让我们把目光投向深邃的大海深处，去一探究竟……

深海蕴藏着丰富的矿产资源，主要包括金属结核矿、富钴结核矿、深海磷钙土和海底多金属硫化物等。它是支持人类生存的又一类重要资源。

海底生物资源也极其丰富。据2010年全球海洋生物普查公布的数据，海洋生物总量估计有百万种，大量未知的生物集中在深海。海底的热液区的温度可以达到400℃，压力可以在50兆帕以上，生活在这里的生物，其基因和活性酶有特殊价值，目前已经形成数十亿美元的开发规模。

到深海去，遇到的最大挑战是海水压力。水深每增加10米，就相当于增加一个大气压。普通人只能潜到水面以下20米左右。5000米处的海水水压，相当于一个手掌大面积要托起5辆10吨卡车的重量。所以，深海潜水器主体结构材料应该耐压，一般采用的是钛合金，具有比重小、强度高、耐高温、抗腐蚀性强、无磁性等优点。俄罗斯的阿尔法级、塞拉级、麦克级、阿库拉级、台风级和深潜研究型核潜艇都大量使用了钛合金。

第一个有实用价值的潜水器是英国人哈雷于1717年设计的。当时，潜水器是没有动力的，须由管子和绳索与水面上的母船保持联系，用来探寻沉船宝物。现代深海潜水器是第二次世界大战以后，从潜艇技术发展而来，它跟潜艇的主要区别是不能完全自主运行，必须依靠母船补充能量和空气。

现代深海载人潜水器是现代工业技术的精华，涉及水下推进系统、液压源、高压海水泵等技术，还有钛合金加工技术等，一般可完成多种科学研究及救生、修理、寻找、探察、摄影等工作，目前只有美国、法国、俄罗斯、日本和中国拥有。

进入21世纪，发展深海经济成为各个国家的重要战略举措。美国、欧盟、英国、加拿大、俄罗斯、日本等相继出台了国家战略计划，加大了对深海科技的投入。我国的海洋发展规划也已全面铺开，据《国家中长期科学和技术发展规划纲要（2006—2020）》，将重点研究开发海底"可燃冰"勘探开发技术、金属矿产资源，海底集输技术等。但是，深海对人类来说，既是资源宝库，也可能是

地理趣闻

恐怖的噩梦。风暴潮、海啸、拉尼娜现象等，都可以造成极其严重的灾难。2004年12月26日，发生在印度洋海底的强烈地震和海啸共造成15.6万人死亡，数万人失踪。

尽管现在多个国家的潜水器可以到达99%的海底，然而人类对海底的认知可能还不足1%。深海依然有许多未解之谜，比如，那里还有几十万种未命名的深海生物摇曳生姿，很多生物还上演着和陆地上完全不同的生存故事，能悠然地呼吸着二氧化硫等有毒气体；那里还可能隐藏着解开地球起源奥秘的钥匙。

我们期待着越来越多的秘密被解开，期待着人类迈向深海的历史翻开新的一页。

壮丽的海底峡谷

海底峡谷亦称"水下峡谷"，是大陆坡上深切的大峡谷。海底的谷地是多成因的，因此不能把各种不同成因的海谷都称为海底峡谷。海底峡谷的横剖面呈V形，谷壁陡峻且带有阶梯状陡坎，谷底有小盆地及高差几十米的横脊，大多数峡谷蜿蜒带有分枝，谷壁上有大量岩石露头，少数为直线形轮廓，大多数峡谷都切割在花岗岩层或玄武岩层中。

少数峡谷可上溯到大陆架，与河流相连接，具有河谷的形态。其形成中起主要作用的是构造因素与海底浊流的侵蚀作用。大陆坡是地壳的活动地带，在形成大陆坡过程中有一系列阶梯状

断裂及垂直大陆坡走向的纵向断裂构成海底峡谷的雏形，而后由浊流及海底滑坡的修饰改造。

海底峡谷这个概念，最早于19世纪末由地理学家们提出来。由于人们掌握的资料少，海底峡谷这个词常被很不严格地用来表示海底各种各样的山谷和狭长的洼地。近几十年，海洋地质学家们根据海底峡谷的物理特征，不断探讨它的形成原因。

海底峡谷的头部多延伸至陆坡上部或陆架上，有的甚至直逼海岸线，峡谷头部的平均水深约100米。多数峡谷可延伸至大陆坡麓部，其末端水深多在2000米左右，深者可达3000～4000米。峡谷口外通常是缓斜的海底扇，在海底扇区，峡谷被带有天然堤的扇谷所取代。海底峡谷的水深自头部向海变深。其纵剖面大多呈上凹形或出现数个转折裂点，也有呈上凸形或比较平直者，平直峡谷的坡度

地理趣闻

较缓。世界上著名的哈得孙峡谷，它从哈得孙河口开始，一直延伸进入大西洋。世界上最长的海底峡谷为白令峡谷，长400多千米。

切割最深的海底峡谷——巴哈马峡谷，其谷壁高差达4400米，是陆上的大峡谷难以相比的。海底峡谷谷底沉积物有泥、粉沙、沙以至砾石等。来自浅水的交替变层里的沙和粉沙层常与深海的泥质沉积物交错出现，有时也有滑塌沉积物穿插其间。

全世界所有的大陆坡几乎都有海底峡谷分布。但在倾角小于1°的平缓大陆坡，以及有大陆边缘地、海台或堡礁与陆架隔开的大陆坡上，海底峡谷比较罕见。有些海底峡谷与陆上河谷（或古河谷）相邻接，但也有不少海底峡谷，尚未发现与陆上河谷有任何联系。

诡异的不明潜水物USO

相对我们熟悉的陆地，深深的水底究竟是个什么样子，只有很少人了解。而层出不穷的不明潜水物，一直吸引着人们的目光。

有关不明潜水物的报道经常在世界各地出现。最有名的水中不明物，要数英国的尼斯湖水怪了。人们之所以称它为水怪，就是因为当时没有人说得清这个不明物到底是什么。虽然事后有报道澄清，这个著名的尼斯湖水怪只是一些人的恶作剧，但在大部分表面被水覆盖的地球上，仍有许多水域是我们不曾了解的。那么，在这些深深的水域下面究竟隐藏着怎样不为人知的秘密呢？

在深水之下不仅生活着神奇的深水生物，而且似乎还有一种令人难以觉察到的不明潜水物。

有专家称，不明潜水物的一个最显著特点，就是可以在水中潜游，甚至可以在水面飞行，留下飞行痕迹。

通常，我们把UFO叫不明飞行物，而USO则代表不明潜水物。最令人难忘的，也是被广泛报道的一起不明潜水物事件，是1966年1月发生在澳大利亚北部的"塔利水下巢穴"事件。

1966年1月19日9时，年轻的农民乔治·佩德利驾驶拖拉机经过邻居家的农田，行驶至澳大利亚昆士兰州北部塔利河附近的马

地理趣闻

蹄礁时，他的拖拉机发生了故障，他不得不停下来进行维修。这时，他突然听到空中传来尖锐的嗡鸣声。抬头向发出声响的地方望去，佩德利发现，在离他不远的地方，不明碟状金属物体以30°~40°的倾角，从马蹄礁的水中跃出。不明物体再次潜入水中一下后，便以飞快的速度冲上云霄。

乔治·佩德利形容说，不明物体就像两个巨大的相互扣在一起的碟子，大概有9米多宽、3米多高。随着报道次数的逐渐增多，"塔利水下巢穴"事件也被传遍了全世界。不少媒体都将这个水下不明飞行物体称为USO。

这个事件成为人类近距离接触USO最强有力的一个证据。澳大利亚的海军对其进行了探测，世界各地的科学家们也来进行考察。但是他们一无所获，任何理论和猜测都无法解释这里发生的一切。很有意思的是，它留下来的巨大漩涡，过了很多天才消失，而不是像其他的一些飞碟事件一样，痕迹都很难察觉。

第一章　海洋中的奥秘

在随后的几周，对"塔利水下巢穴"事件各种各样的调查中，调查者们发现，在这个区域发生过很多类似的事件。时至今日，对"塔利水下巢穴"事件的调查仍在进行着。桑德森在《看不见的居民》一书中，提出了两条自己有关不明潜水物的独特理论：第一条理论认为，USO实际上并非来自外太空，而是来自我们居住的地球。第二条理论则认为，USO是很久之前从外太空飞到地球的，它们的目的就是在深海里建造属于自己的家园。令许多专家和不明潜水物迷们感到迷惑的是，桑德森的两个理论显然自相矛盾。桑德森指出的USO来自地球的理论显然并不正确。桑德森指出，将横跨地球大洋的某些地点联结起来，就可以组成一个前所未见的三角形区域。他将这片三角形区域比喻为"可怕的漩涡"，并以此作为他第二条理论的依据。在得知有大量的船只和飞机曾在这些神秘地点失事、消失的传闻后，桑德森意识到，USO很可能与这些拥有奇异磁场的三角形区域有关。

经过长达17年的研究，桑德森得出了一个惊人的结论：大量的USO事件，与这些异常地区有着清晰必然的联系。这些特殊区域就包括百慕大三角和日本的龙三角。

桑德森确信，大量的USO目击事件都与地球上这些不同寻常的、磁场异常活跃地区有着千丝万缕的联系。事实上，一些USO研究人员已经认同了百慕大三角和日本龙三角很可能就是不明潜水物活动基地的这一说法。

在桑德森的研究记录中，曾记载了一起不同寻常的、神秘的、几乎快被人遗忘的USO事件。这起事件就发生在"圣安德鲁"号游轮上。1906年10月30日16时30分，"圣安德鲁"号游轮在距离加拿

地理趣闻

大不远的海域，遭到从空中飞过的一个形体巨大、闪着耀眼光芒、呈Z字形飞行的不明物体攻击。随后，那个物体沉入水中，消失在海底。根据桑德森的研究，那个不明物体显然不是一颗流星，因为流星不会呈Z字形飞行，也不能自如地控制飞行速度。

《纽约时报》也对这件事进行了报道。它引用海军大副斯宾塞的话："我曾在世界各地见过不少流星，但还从未见过如此巨大的。"可以这样说，层出不穷的神秘事件贯穿了桑德森一生的职业生涯。直到1973年去世，桑德森一直往来于世界各地，搜寻研究不明潜水物。

但他怎么也没有想到，他终其一生潜心研究的成果竟被一些人利用。有人推测，来自政府的秘密特工拿走了桑德森的大量研究成果，以此混淆视听，否认不明潜水物存在。

有趣的是，不明潜水物给这些否认USO存在的人来了个下马威，这次它光明正大地拜访了美军的一艘航空母舰。1945年10月27日，长304.8米、重6.4万吨的"罗斯福"号下水，成为美国海军舰队中最早一批可携带核武器的航母之一。

"罗斯福"号航母拥有超强的性能，当时人们能想到的功能在它身上都可以找到。对于整个美国海军而言，它俨然就是一个移动试验室。也许正是由于它优越的性能吸引了大量不明物的造访。

作为一名配件工程师兼消防员，切特·格鲁申斯基曾于1958年7月至1960年12月在"罗斯福"号上服役。他曾在1958年9月近距离看见一个巨大的USO。当时，"罗斯福"号在古巴关塔那摩湾附近巡航，格鲁申斯基看到一个闪闪发光的USO，以不可思议的速度从"罗斯福"号的上空飞过。

第一章　海洋中的奥秘

　　格鲁申斯基描述了当天发生的一切:闪烁着光芒的USO突然从水面跃出，在空中盘旋了近45秒钟后，迅速消失在海洋里。他还说，当天共出现过大约25个类似的不明潜水物。它们从"罗斯福"号的甲板上空快速飞过。更令人奇怪的是，事情发生几小时后，航母的航海日记被人更改了。事后，当有人找到当天的航海日记时，日记上的许多记录都被涂黑了。

　　格鲁申斯基并不是在"罗斯福"号上看见USO的唯一目击证人。哈里·乔丹曾于1962年~1965年在"罗斯福"号上服役。作为一等水兵和雷达操作员，他曾有机会操作当时世界上最先进的雷达系统，并与其他船员一起见证了当天的USO事件。

　　1963年10月2日，地中海撒丁岛附近，凌晨2点左右，正在值班

的乔丹紧紧盯着雷达操控器。突然，在没有任何预警的情况下，雷达显示有异常情况。一个USO出现在距离"罗斯福"号900多千米的地方。它正在当时世界上任何航空器都不可能达到的高空飞行。很明显，这个USO一定不是人类的航空器。因为当时没有飞机能飞那么高。乔丹立即将这一情况报告给了当天值班的监测员。闻讯赶来的监测员在雷达显示器上观察了一阵，便向甲板跑去，向值班的指挥官汇报。当显示器上的不明飞行物开始移动时，值班指挥官叫醒了舰长，汇报了一切。

USO开始以惊人的速度在雷达显示器上移动，乔丹相信，这样的速度可以将人类制造的任何一架飞机撞个粉碎。乔丹回忆说，在他汇报完一切后，舰长立即下令派出两架战斗机去跟踪USO。

乔丹回忆说，雷达显示器上的那个点，在逐渐接近"罗斯福"号后突然消失了。USO刚一消失，就又再次出现了。不过，这次它变得更大，距离航母更近了。当时，"罗斯福"号上的战斗机，根本跟不上不明飞行物的速度。

在战斗机无功而返后不久，USO在航母的左舷出现了。凌晨2时32分，整个"罗斯福"号上的船员几乎都看见了那个USO，它在不远处盘旋了一会儿后，便消失在夜空中。

1952年9月13日，丹麦的"威利摩伊尔"号驱逐舰，正在波罗的海执行任务，陆军少尉指挥官施密特·延森和其他几位船员看见一个呈三角形、闪闪发光的USO以惊人的速度在空中飞行，它距离驱逐舰很近。不明飞行物一直向西飞行，突然，它转向东南方向，径直向"罗斯福"号飞去。

一周后，那儿又发生了几起USO事件。地点从丹麦一直扩展至

第一章 海洋中的奥秘

苏格兰的空军司令部基地。

1952年9月20日晚7时30分，3名丹麦军官报告说，他们看见发光的碟形物体从水面跃出，飞过他们的头顶，随即又向北约舰队和"罗斯福"号航母所在方向飞去。拥有惊人的飞行速度和金属外壳的USO向东飞行，很快便消失在云层中。1952年9月20日晚11时，距丹麦军官报告发现USO3个半小时后，几名海员看见两个快速飞行的圆形USO从"罗斯福"号的后面跃出水面，飞向夜空。

"罗斯福"号航母上负责报道军事演习的随军记者华莱士·利特维，立即将佳能相机的镜头对准地平线，拍摄下了两张照片。照片上，碟状不明物体正以不可思议的速度在空中快速飞行。这两张照片肯定已被美国海军拿去研究过，但美国官方却没有任何关于此事的报告。1952年9月21日，距上起USO事件发生不到24小时，6名英国飞行员在北海上空看见一个圆形发光的物体从水中跃出，秘密地向舰队的方向飞去。他们随即开始追踪USO，但是它却飞快地躲开了。

所有目击者都说，这些USO发出明亮而又奇特的光芒。他们一致证实，无论这些不明物体究竟是什么，它们都想近距离观察海军的演习。

这次演习中，USO的目击者并不完全是普通的官兵和工作人员。有报道称，艾森豪威尔将军在视察"罗斯福"号的时候也曾亲眼看到了USO。

尽管"罗斯福"号上的许多官兵和部分专家都认为，这些USO是外星生物的飞行器，但仍有些人对此表示质疑。他们认为，这些

地理趣闻

不明飞行物不一定是USO，它们很有可能是美军试验的新式飞行武器。毕竟美国军方在这方面所做的混淆视听的工作实在太多了。

诱人的海底公园

大海给予人类的不仅是无尽的宝藏，还给我们提供了神奇美妙的海底公园。有人这样描述我国南海海底的景色：红色的珊瑚礁枝好像那秋日枫林，绿色的珊瑚犹如映日荷叶；枝丫稀疏的珊瑚与穿游其间的花斑鱼，构成一幅五彩缤纷的诱人画面。

位于澳大利亚东北岸大堡礁的景致更加令人惊叹，它被称为世界上最壮观的海底公园。这个由珊瑚岛、珊瑚礁等组成的海底公园，绵延2000余千米。晚上，你若带着潜水聚光灯潜入海底，色彩鲜艳的珊瑚树的枝丫在灯光的照射下，就像一丛丛盛开的小

第一章　海洋中的奥秘

花。那些金光闪闪的蝴蝶鱼、天使鱼、雀鲷、燕鱼轻快地游过，像鸟儿疾飞一般。那披挂彩霞般外衣的软体动物蠕动着肥胖的身体，煞是好看。在这里，人们可以看到一种稀有的鱼类——蝠鲼。蝠鲼身体宽大扁平，性情十分温顺，你若突然出现在它面前，它会给你来个漂亮的转身，为你让出通道。要是你大胆地爬到它背上，它还会慢慢地带着你往下沉，随后翻个身，一溜烟游开。这里还有一种鹦鹉鱼，它能从口中吐出黏液，"组成"一顶透明的帐子，让自己躲在里面睡觉。

在这座海底公园里，各种生物都有自己分封的领地，即使是一只小小的热带鱼，尽管它的领地小得只是一块礁石上的海葵，但非法者若要入侵，它也会不顾一切地冲过去，直到赶走入侵者。海

地理趣闻

底的珊瑚就像一座大旅馆，为各种鱼提供方便的住宿，鱼则以体内排出的废物作为"房租"，因为这些废物正是珊瑚极好的养料。每当夜晚来临，白天不露面的生物都出来了。海蟹、海星等，尤其是蠕虫，只要见到光，它们会成千上万地扑将上来，真有大兵压境之感。澳大利亚政府采用许多先进设备，把这拥有多种珊瑚与1500多种鱼的大堡礁建成海底公园，让旅游者一饱眼福。

大海，就是这样一个纷繁的世界。美，潜藏在它的深处。海底公园正是美的表现，它有着诱人的魅力。

海底人鱼之谜

老普利尼是一位记述过"人鱼"生物的自然科学家，在他的不朽著作《自然历史》中写道："至于美人鱼，也叫作尼厄丽德，这并非难以置信……她们是真实的，只不过身体粗糙，遍体有鳞。"

1990年4月，《文汇报》有这样一则报道：一些科学家正在竭力设法找到这一当今考古学最惊人的发现，一个3000年前的美人鱼木乃伊遗体的由来。一队建筑工人在索契城外的黑海岸边附近一个放置宝物的坟墓里，发现了这一难以相信的生物。发现美人鱼木乃伊的消息是由苏联考古学家耶里米亚博士在最近透露给媒体的。她看起来像一个美丽的黑皮肤公主，下面有一条鱼尾巴。这一惊人的生物从头顶到带鳞的尾巴，有173厘米长。科学家相信她死时约有100多岁的年龄。

1991年7月2日，新加坡《联合早报》发表了题为《南斯拉夫海岸发现1.2万年前美人鱼化石》的报道：科学家们最近发掘到世界首具完整的美人鱼化石，证实了这种以往只在童话中出现的动物，的确曾在真实世界里存在过。化石是在南斯拉夫海岸发现的。化石保存得很完整，能够清楚见到这种动物拥有锋利的牙齿，还有强壮的双颚，足以撕肉碎骨，将猎物杀死。"这只动物是雌性的，大概1.2万年前在附近海岸出现。"柏列·奥干尼博士说。奥干尼博士是一名来自美国加州的考古学家，在美人鱼出现的海域工作了4年。奥干尼博士说："它在一次水底山泥倾泻时被活埋，然后被周围的石灰石所保护，而慢慢转为化石。化石显示，美人鱼高160厘米，腰部以上像人类，头部发达，脑体积相当大，双手有利爪，眼睛跟其他鱼类一样，没有眼帘。"

关于人鱼的外形主要有两种说法：

一种认为人鱼上半身是人下半身是鱼。1991年8月，美国两名渔

地理趣闻

民发现人鱼，报道如下：最近美国两名职业捕鲨高手在加勒比海海域捕到11条鲨鱼，其中有一条虎鲨长18.3米，当渔民解剖这条虎鲨时，在它的胃里发现了一副异常奇怪的骸骨，骸骨上身三分之一像成年人的骨骼，但从骨盆开始却是一条大鱼的骨骼。当时渔民将其转交警方，警方立即通知验尸官进行检验，检验结果证实是一种半人半鱼的生物。对于这副奇特的骨骼，警方又请专家进一步研究，并将资料输入电脑，根据骨骼形状绘制出了美人鱼形状。参加这项工作的美国埃灰斯度博士说，从他们所掌握的证据来看，美人鱼并不是传说或虚构出来的生物，而是世界上确实存在的一种生物。

另一种认为人鱼上半身是鱼下半身是人。科威特的《火炬报》在1980年8月24日报道：最近，在红海海岸发现了生物公园的一个奇迹——美人鱼。美人鱼的形状上半身如鱼，下半身像女人的形

第一章 海洋中的奥秘

体——跟人一样长着两条腿和10个脚趾。可惜的是，它被发现时已经死了。活人鱼的发现也是有的。1962年曾发生过一起科学家活捉小人鱼的事件。英国的《太阳报》及其他许多家报刊对此事进行了报道。苏联列宁科学院维诺葛雷德博士讲述了经过：1962年，一艘载有科学家和军事专家的探测船，在古巴外海捕获一个能讲人语的小人鱼，皮肤呈鳞状，有鳃，头似人，尾似鱼。小人鱼称自己来自亚特兰蒂斯市，还告诉研究人员在几百万年前，亚特兰蒂斯大陆横跨非洲和南美，后来沉入海底……现在留存下来的人居于海底，寿命达300岁。后来小人鱼被送往黑海一处秘密研究机构里，供科学家们深入研究。

还有一些其他有关海底奇异生物的发现。1958年，美国国家海洋学会的罗坦博士，在大西洋5千米深的海底，拍摄到一些类似人的足迹。1963年，在波多黎各东南海底，美国海军潜艇演习时，发现了一条怪船，时速280千米，无法追踪，人类现代科技望尘莫及。1968年，美国摄影师穆尼，在海底附近发现怪物，脸像猴子，脖子比人长4倍，眼睛像人的眼睛但要比人的眼睛大得多，

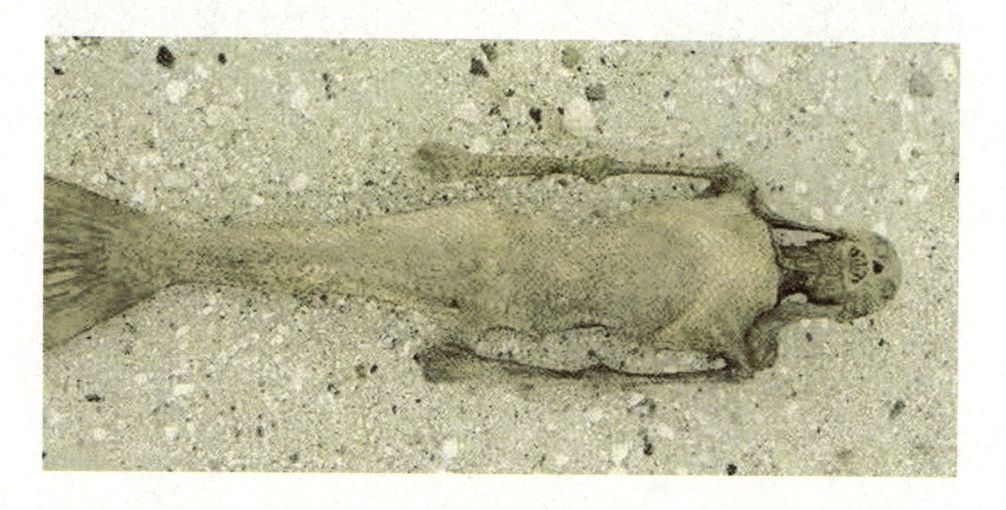

地理趣闻

腿部有快速"推进器"。1938年，人们曾在爱沙尼亚的朱明达海滩上，发现"蛤蟆人"，鸡胸、扁嘴、圆脑袋，飞快跳进波罗的海里。

"人鱼"的传说古今中外有很多，但至今仍没有多少明确清晰的实物证据，更缺乏系统完整的研究成果，也许它们将永远是个谜了。

神秘的海底之光

据科学家们测算，在终年漆黑如墨的深海海底，90%的生物都会发光。1945年，法国的一位潜水专家乘深海潜艇潜入了2100米的海底，当他们打开探照灯时，看到一幕瑰丽的海底焰火图景：一只

第一章　海洋中的奥秘

长约45厘米的乌贼，从漏斗中喷射出一滴闪光的液体，在深海中很快散发成光亮夺目的绿色焰火。随后，另外两只乌贼又喷出两滴闪光液体，在水流的作用下，形成了一大片令人眼花缭乱的流体焰火云，在水中持续了近5分钟。

生活在印度洋3000米深海处的乌贼有着同时发出3种光亮的本领。它肛门上的两个发光点发出铁锈色的光，腹部发出青光，两眼发出蓝光。深海中的翻车鱼，则是红、黄、蓝、白、绿光交相辉映，在黑色的海幕上隐现，煞是好看。

生物学家经研究发现，海洋生物发光的原因是为了防御肉食动物的侵害。同时，还可以诱捕与猎取食物，寻找同伴与诱引异性。

其实，给海底带来神秘色彩的远不止鱼类。早在18世纪中叶，法国的特夫因侯爵在海上探险中就曾从深海处打捞上一簇灌木状的发光珊瑚。当时，它正放射出明亮的火焰，把黑夜照得通明。所以，对于深海生物繁多的地方，海底绝非暗无天日的世界，而是"群星灿烂"的"夜空"。

海底热泉的奥秘

海底热泉，是地壳活动在海底反映出来的现象。它分布在地壳张裂或薄弱的地方，如大洋中脊的裂谷、海底断裂带和海底火山附近。大西洋、印度洋和太平洋都存在大洋中脊，它高出洋底约3000米，是地壳下岩浆不断喷涌出来形成的。洋脊中都有大

地理趣闻

裂谷，岩浆从这里喷出来，并形成新洋壳。两块大洋地壳从这里张裂并向相反方向缓慢移动。大洋中脊里的大裂谷往往有很多热泉，热泉的水温在300℃左右。大西洋的大洋中脊裂谷谷底，其热泉水温最高可达400℃。在海底断裂带也有热泉，有火山活动的海洋底部，也往往有热泉分布。除大洋中脊有火山活动外，在大陆边缘，受洋壳板块俯冲挤压形成山脉的同时，往往有火山喷发，在大陆边缘附近的海底也会有热泉分布。海底热泉是一个非常奇异的现象：蒸汽腾腾，烟雾缭绕，"烟囱"林立，好像重工业基地一样。而且在"烟囱林"中有大量生物围绕着"烟囱"生存。"烟囱"里冒出的烟的颜色大不相同。有的烟呈黑色，有的烟是白色的，还有清淡如暮霭的轻烟。

这种现象产生的原因是什么呢？经分析发现"烟囱"喷出的物质中含有大量的硫黄铁矿、黄铁矿、闪锌矿和铜、铁的硫化物等物质，对硫黄铁矿的液体进行测定表明，其外壁由石膏、硬石膏、硫酸镁组成，而与热水接触的内壁，则为粗大的结晶黄铜矿和黄铁矿。最外层富含重晶石、非晶质二氧化硅。"烟囱"底部有黑色细粒沉淀物，其中含有闪锌矿、硫黄铁矿、黄铁矿及铅锌矿和硫等。在其周围的水样中，氦-3和氢锰的含量较高。科学家们在太平洋、印度洋、大西洋的中脊和红海等地相继发现了许多正在活动的和已经死亡的"烟囱"。海底热泉为什么出现在大洋中脊呢？原来，大洋中脊是多火山多地震区，岩石破碎强烈，海水能通过破碎带向下渗透，渗入的冷海水受热后，以热泉形式从海底泄出。在冷海水不断渗入、热海水不断排出的循环过程中，洋底玄武岩中铁、锰、铜、锌等元素溶于热海水中，成为富含金属元素的热液而喷涌出来。由于大洋中脊是大洋板块的分离部位，那里的岩石圈地壳最薄弱，因此又是地幔热流最好的突破口。热泉水带上来的物质多金属硫化物或氧化物，它们沉淀在热泉喷口周围，形成具有经济价值的"热液矿床"。海底热泉的发

地理趣闻

现与研究，打破了人们对深海大洋的传统看法，为人们认识海洋、开发海洋提出了一系列新的问题。在地质学方面，海底热泉是人们能够看到的海水在洋壳里不断循环的现象。

不同纬度、地形和深度的海洋，具有不同的物理及化学条件，因此造就了特色不一、各式各样的海洋生物。在1979年以前，许多科学家都认为深海海底是永恒的黑暗、寒冷及宁静，不可能有生命的存在。但是1979年，科学家首次在2700米的海底发现热泉，并观察到和已知生命极为不同的奇特生命形式，进而改变了人类对地球生命进化的认知。2000年12月4日，科学家又在大西洋中部发现另一种热泉，结构与之前发现的热泉完全不同，他们把它命名为"失落的城市"，再度引发了科学家对海底热泉的研究热潮。在台湾宜兰龟山岛发现不断往上喷出的海底热泉，是一种黄"烟囱"，这是由于海底冒出大量硫黄所造成的现象，也是近年来发现最大的近海海底热泉，水深从二三米到30多米，约有八九处之多。

在深海热泉泉口附近均会发现各式各样前所未见的奇异生物，包括大得出奇的红蛤、海蟹、血红色的管虫、牡蛎、贻贝、螃蟹、小虾，还有一些形状类似蒲公英的水螅生物。即使在热泉区以外，如荒芜沙漠的深海海底，仍出现了蠕虫、海星及海葵这些生物。热泉生物能够生存，完全是依靠化学自营细菌的初级生产者。在黑"烟囱"喷出的热液里富含硫化氢，这样的环境会吸引大量的细菌聚集，并能够使硫化氢与氧作用，产生能量及有机物质，形成"化学自营"现象。这类细菌会吸引一些滤食生物，或者是形成能与细菌共生的无脊椎动物共生体，以硫化氢为营生来源，一个以"化学自营细菌"为初级生产者的生态系便形成了。依照目前对热泉生物

的了解，它们的生长速度非常快。以贝壳来说，由于它们是滤食性动物，会有鳃、消化系统及进出水口器官。可是海底热泉的贝壳不一样，它们消化系统及进出水口已经呈退化现象，海底细菌则会住在它们的鳃里面，等到繁殖多了，就会被贝体利用，于是贝壳的生长速度也变得非常快。

对于生命是最先起源于陆地表面，还是起源于海洋底部的热泉，目前科学界仍无定论。英国《自然》杂志刊载的美国科学家的一项新成果，为海底热泉生命起源说提供了新证据。早在20世纪20年代，科学家就提出在出现生命前的原始海洋里存在有机分子构成的原始汤。经过多年探索，科学家们认识到氨基酸是构成有机体的最主要成分，而氮又是构成氨的基本成分，因此氮怎样转变成氨就成为生命起源过程中必要的一步。美国华盛顿卡内基研究所地球物理实验室研究员黑普及其同事在《自然》杂志上介绍了他们的实验发现。在高温和高压下，利用金属矿物质作为催化剂，氮分子可以

地理趣闻

与氢发生还原反应生成由1个氮原子和3个氢原子组成的具有活性的氨分子。黑普等人在研究中发现,如果以金属矿物质作为催化剂,氮分子还原生成氨分子的条件为温度300℃~800℃,压力为0.1千兆帕~0.4千兆帕,而这些条件正是早期地壳和海底热泉系统的典型特征。研究人员指出,作为生命起源的前奏,氮分子向氨分子转换的过程很可能发生在大量溶解了矿物质的海底热泉周围。而一个富含氨分子的环境比一个氮分子占主导的环境,能更有效地满足早期生命起源对氮元素的需求。另外,黑普等人在研究中还发现,在800℃以上的环境下,氮元素只有以分子形式存在才能保持稳定,从而排除了早期地球大气中大量产生氨分子的可能。因为在地球形成的早期,由于小行星的撞击,地球表面温度要超出800℃。

研究人员推测说,海底热泉在地球早期如果能够产生足够的氨分子,通过海洋与大气的水和气体交换,氮分子占主导的早期地球

大气中氨分子会逐渐增多。由于氨属于温室气体，能够对地球表面起到保暖作用，这同时也解释了为什么在当时太阳能量不足的情况下，地球上的海洋仍能保持液态。

海底奇妙的声音

有过海上生活经历的人都知道，夜晚，海上会传来悠扬的"歌声"，这是海洋中第一流的"歌手"——赛音鱼在引吭高歌。别的鱼类也有会发声"歌唱"的，比如鱿鱼常像狗一样地嘶吼；海马的声音犹如打鼓；印度海区有一种鲹鱼用类似小猪叫的声音"讲话"；小青鱼游时发出"叽叽"的声音，活像小鸟在欢唱；黄花鱼

地理趣闻

能够变换各种声调，有时像打鼓，有时学猫叫，有时"吹口哨"；鲂鮄本领也不差，猪叫声也会，呻吟声也会，打鼾声也会；沙丁鱼"说"起话来"哗啦——哗啦"的，如同海边波涛汹涌的海浪声；南美洲有一种鲶鱼，咆哮起来在几十米以外的船上也能听见……鱼类声学的研究证明，鱼类正是通过这种特有的"语言"进行"对话"和"通信"，才能在漆黑的夜里活动。否则，在浩瀚无边的大海里，鱼光靠眼睛观看有限的距离，要生存下去，是不太可能的。

鱼类语言有特定的意义，只因鱼类是低等动物，生活内容比较单调，它们不需要也不可能有丰富的语言。但是，在不同的条件下，许多鱼确实能够发出不同的声音来传递自己的信息。比如，把鲂鮄捕上船来，它会"哇哇"怒吼不已，显出一种威胁的姿态；如果你把它放到水族箱里，用手轻轻地抚弄它，它就高兴地轻声哼着；如果你用力拨弄它，它就会像小猪一样尖叫起来，扭身逃窜。大黄花鱼产卵前"吱吱"地叫唤异性同伴前来汇聚；产卵时"呜呜""哼哼"地私语；产完卵后就像母鸡生了蛋那样"咯咯"欢唱，声音之大，常常吵得渔民夜间不能入睡。据资料记载，有一个海湾的出口处，被许多悬挂在缆索上的铝杆拦阻了。海湾里有5只海豚，其中一只游到铝杆附近，用它的"回声定位器"进行了详细的侦察，然后回来报告。海豚们就用刺耳的"吱吱"声"交谈"起来，在"讨论"中还不时"派员"再去"核实"情况。经过半小时左右的"研究"，终于认定这铝杆栅栏没有什么危险，这才一一穿游出去。有人把幼海豚的声音录了下来，再播放给母海豚听，母海豚立即焦躁不安地四下寻找它的孩子。由此可见，不论是海洋鱼类或者哺乳类，都普遍用"语言"作为生命活动的一种手段。它们的

"语言"内容有这样几个方面：摄食、联络、寻找异性、召唤伙伴及后代、危险警戒和威吓等。目前，这方面的研究还很不够，鱼类语言学和水声通讯系统的研究才刚刚开始，大量的工作尚待进行。

海底的天外来客——星屑

深沉的海底世界不仅有奔腾的激流、宏伟的火山、灼热的喷泉、神奇的生命和丰富的矿产资源，而且还蕴藏着许多星际信息。比如某星球从宇宙中消失了，海洋便将这次"事件"记在那神秘的"记事本"上，月球上某一次火山喷发，从海底就能找到它的迹象。

这些从星际来的不速之客，便是星屑（或叫宇宙尘）。关于这些物质的发现，可以追溯到19世纪。1872年～1876年，英国著名的海洋考察船"挑战者"号在进行海洋科学考察中，除了发现世界最深的马里亚纳海沟外，最大的收获便是从深海采集到了珍奇的小颗粒宇宙尘。历史跨过了19世纪，到20世纪的1950年，美国也采集到了海底星屑。紧接着，1967年，日本也成为在海底找到星屑的国家之一。这些国家相继对海底星屑展开了多学科的研究，并获得了大量科学数据。1987年，我国海洋调查船"向阳红九号"在参加全球大气试验的两年期间，也进行了采集海底星屑的工作，并第一次从太平洋西部海域几千米深的海底采到星际物质，从而使我国也进入了研究地球外源物质的领域。各国为证实所采集到的各种海底星屑的真实身份，都进行了大量研究工作。科学工作者将利用高空气球、火箭、人造卫星等飞行器在高空中搜集到的星屑与其进行对比，发现两者完全相同，从而确定了这些小颗粒是来自地球以外的宇宙尘埃。我国科学家对海底星屑进行了多方面的探索，其中有光谱半定量分析、电子探针分析、X射线粉晶照相和扫描电子显微镜分析等，获得了试样的显微特征、化学成分、矿物成分与微结构构造等许多珍贵资料。

科学家们把海底星屑按显微特征与成分特征，把它们分成铁质星屑、铁—石质星屑与玻璃质星屑3种。这3种来自海底的星际使者，以它们各自的形态，呈现在人们面前，在五六十倍的实体显微镜下，可以清晰地看到铁质星屑是一些黑色或褐色的长圆球粒，表面光洁透亮、耀眼夺目，仿佛是一颗颗闪闪发光的小钢球；铁—石质星屑是一些暗褐色或稍带灰白色的球状、椭圆球状或圆角状的小颗粒；玻璃质星屑则是一些无色或淡黄色的尘粒，像是一盘晶莹剔透的玻璃球。

据科学家们测定，铁质海底星屑主要成分是镁、镍等一些较重的元素；铁—石质海底星屑的主要成分是氧、硅、镁、钙、铝等较轻的元素；玻璃质海底星屑主要成分则是氧化硅并含有少量的二价氧化物。那么，这些神奇的宇宙使者，是在一股什么样的力量推动下，脱离自己的轨道，从而栖身于孤寂的海底呢？英国巴斯大学的研究人员认为，除玻璃质星屑外其他海底星屑，都是小行星在火星与木星之间的宇宙碰撞时抛出的"火花"，它们每天落到地球上的数量高达14吨左右，而其中大部分都降落在深海海底。

虽然世界各国对海底星屑研究的历史并不长，但它对探讨地球、太阳系以及银河系起源与演化都有着重大意义。此外，对于海洋沉积学、气候学的研究，也具有一定意义。

当然，要在深海海底寻找这些神奇的天外来客的踪迹，是极其困难的事，因为海底是神秘莫测并不断运动着的世界。但是，随着现代科学与技术的发展，人们可以愈来愈多地寻找到它们，揭开它们的神秘面纱。

"阿波丸"号邮轮葬身海底之谜

1945年4月1日深夜，一艘日本万吨巨轮静静地驶入中国福建省牛山岛以东海域，它就是"阿波丸"号。它原本很快就可以回到日本本土，结束这次航行。殊不知，美国的"皇后鱼"号潜艇发现了它。1945年，正是日本在第二次世界大战中仓皇狼狈的时候，在各线战场的失利，让日本焦头烂额、手忙脚乱，战败对于日本来说，只是时间的问题了。然而，日本并不甘心战争的失败。在东南亚战场上，日本还有一条生命补给线，它就是"阿波丸"号邮轮。

日美双方为了改善战俘待遇，在1944年达成了一个对日占区人员提供人道主义援助的协议。"阿波丸"号就是根据这个协议而被保护下来的日本邮轮。它全长154.9米，总吨位11249.4吨，最高时速20节，虽然它名义上为商船，但无论从规模上还是性能上，都和军事船舰相差无几。协议中规定"阿波丸"号只能用于运送救援物资，但是对于海上力量丧失殆尽的日本人来说，他们并不想仅仅用

地理趣闻

这艘庞然大物运送所谓的救援物资。在与它同类型的4艘商船都被改造成轻型航母后，它却隶属日本邮船公司，先后6次往返于日本—新加坡航线，为陆军运送给养。在这期间，它曾受到炸弹的爆破和美军鱼雷的攻击，但依然完成了任务，因此被日本军方誉为"不沉之舰"。

这次的航行，"阿波丸"号凭借着一纸承诺，并未受到美军的攻击。日本根据与美国的约定，拆除了船头的高射炮和舰首炮，撤走了士兵，在船体画上绿色十字，以证明"阿波丸"号是运送救援物资的运输船。这样，"阿波丸"号成功地完成了从日本门司港到苏门答腊的运输任务。在返航之前，日本在东南亚的高官、富商及其家属们都闻风而来。他们都知道，"阿波丸"号是现在唯一可以在太平洋上安全行驶的日本巨轮，对于很多人来说，也是唯一一次可以返回祖国的机会。1945年3月28日，"阿波丸"号终于踏上了返航的旅程，原设计装载236名乘客的船舱，竟挤满了2009人！这2009

人中，包括许多日本著名的人物，比如日本驻缅甸最高长官小乡宦一郎，日本驻东南亚秘密部队总参谋长岩桥一男，外务省调查局长山田芳太郎，大东亚省南方事务局政务课长东光武三等等。随船一起回日本的，还有40吨黄金、12吨白金、40箱左右的珠宝和文物、3000吨锡锭、3000吨橡胶以及数千吨大米。

美国"皇后鱼"号潜艇发现"阿波丸"号以后，通过声呐和经验辨别认为这是一艘军舰，随后警告"阿波丸"号停航检查。但是"阿波丸"号以船上画着绿底白色十字图案，只用作救援船为由拒绝检查。"皇后鱼"号坚持认定"阿波丸"号是一艘军舰，随后向其发射了4枚鱼雷。在连续的爆炸中，一代传奇"阿波丸"号，就这样沉入了海底。10多分钟后，"皇后鱼"号赶到了沉船水域。奇怪的是，海面上幸存的日本人，都拒绝"皇后鱼"号的施救。最后，"皇后鱼"号仅仅救起了一位昏迷的幸存者，其他人都葬身海底。随着2008条生命一起下沉的，还有那数不清的贵重货物。这也成为

地理趣闻

太平洋海域发生的最严重的海难之一。

事后，日本通过中立国立刻对美国进行了质询，美国也随后承认了对此事件负有部分责任，但是赔偿问题却迟迟不与日本进行谈判，主要是希望拖到战争结束后，以战胜国的身份来解决这个问题，这样可以在谈判上获得更大的优势。1949年4月，日本首相吉田茂代表日本政府在协议书上签字，表示放弃因"阿波丸"号被击沉而提出的各项要求。

之后的很长一段时间，"阿波丸"号事件都没有被再提起，"阿波丸"号也在水下静静地休眠了20多年。直到20世纪70年代，西方国家提供了"阿波丸"号驶离新加坡港时的摄像资料，在资料中，人们兴奋地发现，"阿波丸"号在码头装载了40吨黄金，12吨白金，工业金刚石15万克拉，多捆美、英、香港纸币，40箱左右的珠宝和文物，3000吨锡锭，3000吨橡胶以及数千吨大米等全部由日本军人肩扛上船，总价值50多亿美元。这引起了中国政府的高度重视。由于沉船位置在中国领海，依据国际海洋法，"阿波丸"沉船属中国主权所有。在刚刚粉碎"四人帮"后，国家经济情况并不乐观，这笔财富可以为国家经济发展提供巨大的帮助。中国政府立刻签署文件，决定打捞"阿波丸"号沉船。

打捞工作艰苦卓绝，但是打捞部队不畏艰险，取得了令人欣喜的成绩：共打捞出价值5000多万人民币的物资及文物，以及368具日本人的尸骨。尸骨由中国上海市红十字会交还给日本红十字会。至此，"阿波丸"事件似乎画上了一个句号。但是，很多谜团仍然没有解开。比如"皇后鱼"号拥有丰富的作战经验，却为何判断失误？日本又为何突然放弃了对"阿波丸"的赔偿？其中最奇怪的就是：我国在打捞过程中，没有发现一两黄金和白金。这40吨黄金12

吨白金没有找到，这些贵重的黄金、白金和钻石到底去了哪里？难道真的随着逝者的灵魂一起散尽了么？

海底的深渊——海沟

我们常用"万丈深渊"或"海底深渊"之类的词来形容很深的地方。地质学家在研究海洋地质的时候，把洋底那些狭长的凹陷处叫海沟或海渊。实际上，用海底深渊来描述洋底的这种奇异构造，是再准确不过的了。

海沟是海底最壮观的地貌之一。它是大洋底部两壁陡峭、比相邻海底深2000米以上的狭长凹陷。海沟大都分布在大洋边缘，而且

地理趣闻

大多数与大陆边缘平行。对于海沟的定义，目前，海洋学界仍有不同的说法。有的科学家认为，凡是水深超过6000米的长形洼地都叫海沟。有的科学家则认为，海沟的真正含义，应该是指那些与火山弧(若干个弧状分布的火山岛)相伴而生的边缘海沟。一般来说，海沟的形状多呈弧形或直线，长500千米～4500千米，宽40千米～120千米，深多为6千米～11千米。海沟有不对称的V形横剖面，沟坡上部较缓，而下部则较陡，平均坡度为5°～7°，偶然也会有45°那么大的坡度，比如太平洋中的汤加海沟。在海沟的斜坡上，有峡谷、台阶、堤坝和洼地等小地形。海沟主要分布在活动的大陆边缘。世界上最重要的海沟几乎全部聚集在太平洋，太平洋西部边缘的岛屿外侧就是世界最著名的海沟分布带。从北到南依次有阿留申

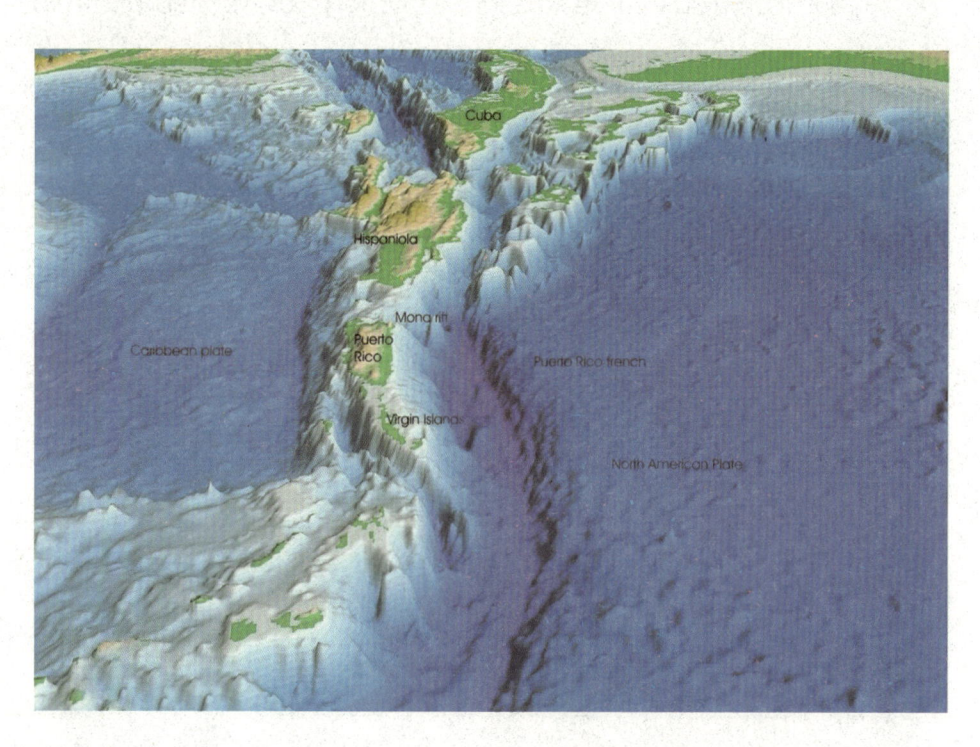

第一章　海洋中的奥秘

海沟、千岛海沟、日本海沟、马里亚纳海沟、菲律宾海沟和汤加海沟等。

大西洋的波多黎各海沟和南桑威奇海沟虽然相距遥远，但它们共同的特点是，它们所处的位置都与太平洋有关，那里的大西洋底或是和太平洋底相连接，或是仅隔一条狭窄的陆壳。由于深海的探险极为艰难，耗资巨大，所以到现在为止，探险家们亲自下海测量的海渊，只有"的里亚斯特"海渊。其他海渊的深度都是依靠安装在海面船只上的探深仪测得的。

人类对海洋深度的探测很早就开始了。麦哲伦在1522年10月率船队进入太平洋后，就想测定太平洋的深度。他用长度200米～300米的探测索去探深，没能探到海底，就认为那是太平洋的最深处。现在看来，他的判断方法太简单了，因为后来实际测得那里的深度是3000米，相差竟达10倍。到20世纪50年代，人们掌握了先进的测

深技术，才陆续找到真正的海渊。现在已经探明，全球超过万米深的海渊就有10多处，但是"勇士1号"海渊是高居榜首的海沟。最深处达11034米，位于马里亚纳海沟的南端。这个海渊是由苏联的海洋测量船"勇士"号于1957年8月18日测得的，所以被称为"勇士1号"海渊。

想亲眼看见深海海沟的风采是非常困难的。因为水越深，压力就越大。水深每增加10米，要增加1个大气压，在1000米的深海沟里，水的压力就是1000个大气压。也就是说，像指甲那么大的面积，就要承受1吨的压力。1960年1月23日，雅克·皮卡尔驾驶自己研制的深潜器"里亚斯特"号，下潜到马里亚纳海沟距海面11022米的里亚斯特海渊底部，实现了人类的夙愿。马里亚纳海沟是世界海洋中最深的地方(11034米)，如果把海拔8844.43米的世界第一高峰——珠穆朗玛峰"放"到这里，峰顶距海平面还有2190米。

海沟大都紧靠着呈弧形分布的岛群或大陆边缘山脉，而这里正是大陆与海洋的交界地带。海沟的深度通常为6000米～10000米，比一般洋底要深3000米～5000米。也就是说，海沟是大陆与大洋两类不同板块之间的接缝处。长期以来，它具有的特殊形状和极大的深度引起科学家的广泛关注。近年来，对海沟地形的大量勘测表明，世界大洋中深度超过7000米的海沟共有23条，其中有19条分布在太平洋。这些海沟的横截面均呈"V"形，但海沟最深处或海沟底部总有一段平坦的地形，这显然是松散物堆积在沟内形成的。

海沟众多的太平洋边缘地区，是世界著名的大地震带，也称环太平洋地震带。1976年1月14日,斐济—克马德克群岛间的海沟曾发生8级强震。伴随地震,常有大规模的地面变形、断裂和崩塌现象发生。1891年10月28日,日本横滨大地震,产生一条长160千米的裂缝;1899年,阿拉斯加大地震,许多岩块突然移位,移动距离达10米~15米,改变了海岸原有的形态,使岸边森林陷入海中;1906年,美国加利福尼亚大地震时,使长达450千米的圣安德列斯断层突然滑动,并产生新断层穿过旧金山……

太平洋边缘深海沟的断裂活动、强震以及突然的海底变形,常常伴随着大海啸。据统计,公元479年~1956年,在太平洋总共发生308次大海啸,次数之多居世界各大洋之首。海沟众多的太平洋边缘地带,有众多的火山岛,因此又有"太平洋火圈"之称。地球上的522座活火山,有322座在太平洋地区,而且大部分分布在太平洋边缘地带。在阿拉斯加,约有80座火山,其中有40多座是活动的。1976年1月23日,阿拉斯加岛屿上的一次火山喷发,简直就像有颗原子弹在岛上爆炸一样,浓烟和火山灰形成的巨大蘑菇云扶摇直上,飞上12000米的高空,这座名叫奥古斯丁的火山,几个世纪以来一直在周期性地活动。在日本的165座火山中,有54座是活火山,著名的富士火山1951年还曾喷发过一次。在菲律宾,高耸的圆锥形火山林立,构成奇特秀丽的美景。菲律宾最高的山峰(海拔2954米)——阿波火山,就是一座仍在冒烟的活火山。中国台湾岛有大屯火山群,它东边的龟山岛、火烧屿、红头屿等也是火山体。

关于大洋深海沟,有许多需要深入探索的科学问题。比如,这些海沟究竟是什么时候形成的?现在是否处于海沟发展的终结阶段

等等。其中，科学家最为关注的是：大洋深海沟究竟是怎样形成的。这也是现代海洋科学研究的重大课题之一。

20世纪60年代以来，由于地震学的长足发展，一些科学家试图从研究地震入手，解释深海沟的运动问题。大家知道，让一碗滚烫的米汤在碗中不停地旋转，如果米汤的密度不同，较重的部分就会下降，而较轻的部分则会上升，就像把油和水混在一起，油马上就会浮上来一样。这就是对流。又如，锅中的水经过反复加热，锅底的水受热后发生膨胀，体积增加密度变小而变轻，轻的部分就上升，同时，上面的冷水就会下降。地球内部的物质对流也是如此，地幔下面温度高的物质发生热膨胀后，就会像热锅中的水那样产生热对流，使热物质上升。这股上升的热物质流，产生巨大的向上冲力，造成大洋海岭中央部位裂开，形成裂谷带和断裂带。进一步扩散的地幔流产生横移，在大洋边缘部位与大陆相碰撞，以后就在那里下沉，从而完成了一个大循环。而温度相对较低的地幔流下降时，地壳也随之被带动产生凹陷，结果在大陆边缘部位产生了深海沟那样的凹地。

以上介绍的，是根据当今最流行的"板块构造"说，对深海沟形成的原因给予的解释。应当指出，地幔对流说起来很简单，证实起来相当困难。大规模的地幔对流是否真实存在？假如真的存在，它能否在地壳之下沿着大洋底部横向流动呢？关于这一点，至今并未得到证实。

第一章　海洋中的奥秘

能"粘"住船的海水

　　100多年前的大西洋上，有一艘渔船正在捕鱼。船员们撒下了渔网，便开船拖网前进。突然，船开足马力也无法前进了，就像被胶水粘住了一样。船员们大吃一惊，船长立刻下令："收网，全速前进！"可是，刚才明明是撒开的渔网却不知道被谁卷成长长的一条，任船员们全力转动绞盘也拉不上来，仿佛有一只巨手在和他们较劲。船员们越来越害怕，关于海怪的传说涌上心头。船长当机立断，命令弃网开船。可是船仍然被粘得牢牢的，动弹不得。"死亡之水，这里是死亡海域！"船员们惊恐万状，有的向上帝祈求，有的哀求海怪饶命……就在全船乱成一团时，船却又能动了，开始是极为缓慢地移动，接着越来越快，终于摆脱了这个恐怖的地方。这究竟是怎么回事呢？没人说得清楚。

　　没过多久，探险家南森也遇到了同样的事。在他前往北极探险的途中，船行驶到俄国喀拉海的泰梅尔半岛沿岸时突然走不动了。南森毕竟是探险家，他环视海面，只见风平浪静，离岸也很远，不是搁浅，也没有触礁。那么，问题只会出在水里了。他测量了不同深度的海水，记录下了观测的结果。最后他发现，这里的海水是分

层的，最上面一层是淡水，淡水之下才是咸水。这时，海上刮起了风，南森的船脱离了险境。南森探险结束后和海洋学家埃克曼共同探索"死水"的奥秘，终于弄清了其中的道理。原来，海洋中有些区域的海水含盐量不一样，比较淡的海水密度小，浮在上层；比较咸的海水密度大，沉在底层，这就形成了一个"密度跃层"。在这样的水面上开船，船如果吃水比较深并且速度比较慢，螺旋桨的搅动就会在"密度跃层"上产生内波，内波的运动方向和船航行方向相反，阻力会迅速增加，船速就会降低下来，船就像被海水粘住似的，寸步难行。内波还会把渔网拧成一长条，甚至会使船舵失灵，而这些从海面上却丝毫看不出来。

南森公布了这个发现以后，水手们不再害怕"胶水"了，他们知道只要升起风帆、开足马力就能冲过这样的海域。

现在，轮船的速度比100年前已经大大提高，"密度跃层"已经"粘"不住它们了。不过，潜水艇却还有可能被"粘"在海里，要靠舵手精确地调节角度才能突破"胶水"。但是，潜水艇钻到"胶水"里后，"胶水"却能帮潜水艇挡住声呐的追踪。

第二章　神出鬼没的水怪

地理趣闻

太平洋中的大海怪

前不久，美国夏威夷渔民一网拖起一头重约30吨的死去的抹香鲸，从其腹中剖出一具长约3米的怪异动物的残骸。海洋学家认为，这可能是一头幼海怪的残骸。

保罗·勒布朗是加拿大哥伦比亚大学一位受人尊敬的海洋学家。40多年来，他全身心地投入到了太平洋海怪的研究当中。保罗·勒布朗在《加拿大地理》杂志上曾撰文说，鉴于近60年来所搜集的有关太平洋海怪的传闻报道，它们极有可能是史前恐龙的后代。国际上把研究地球怪物的组织叫"国际隐蔽动物学会"。该学会由一批科学家和有关人士组成，致力于研究并证实动物世界的一些怪异的现象。

保罗·勒布朗对巨型海怪的兴趣极大。他曾随国际隐蔽动物学会组织调查过加勒比海出现的一条大章鱼，也曾搜遍刚果沼泽地企图觅获最后的活恐龙，并搜集目击者的报告，研究怪物时常出没的地区。他们还进行了一次规模庞大的搜索活动，采用声呐扫描技术在美国纽约州的尚普兰湖寻找"尚普"水怪。"尚普"水怪和苏格兰的尼斯湖水怪一样，充满了神秘感。

勒布朗教授对海洋怪物的研究是专心致志的，他详尽地记录了某种动物有红眼睛，头像骆驼，背上有3个驼峰，还有鳍等特征。他与生物学家约翰·赛伯特共同研究海怪，并于1973年向所在大学的

第二章　神出鬼没的水怪

海洋学院提交了一份完整的海怪研究报告。该研究报告经该学院审批后交给国际隐蔽动物学会。报告中列举了自1812年以来，在美国俄勒冈州与阿拉斯加州之间发现的33只怪得离奇的海洋动物。

20世纪30～50年代，美国俄勒冈州的海面，常有很大的海怪出现，人们称它为"劳克德"。机帆船"阿戈"号上的船长比尔是目击者之一，他所见到的"劳克德"头像骆驼，皮毛粗糙，外表呈灰色，眼神呆滞，鼻子长而弯曲，用灵巧的鼻子将"阿戈"号船已捕捉住的大比目鱼，从水下的鱼钩上取去，并像大象一样把偷来的大比目鱼送入口中，然后津津有味地吞下去，摇摇尾巴扬长而去。1951年，一个名叫哈德·迈克逊的渔民在加拿大不列颠哥伦比亚省的赫里奥特湾捕鱼。当他正准备向海里撒网时，突然发现离他的渔船50米远处，有一头长约12米的灰色怪物露出海面。它整个背长满长长的刺鳍，样子极为怪异。据这位目击渔民

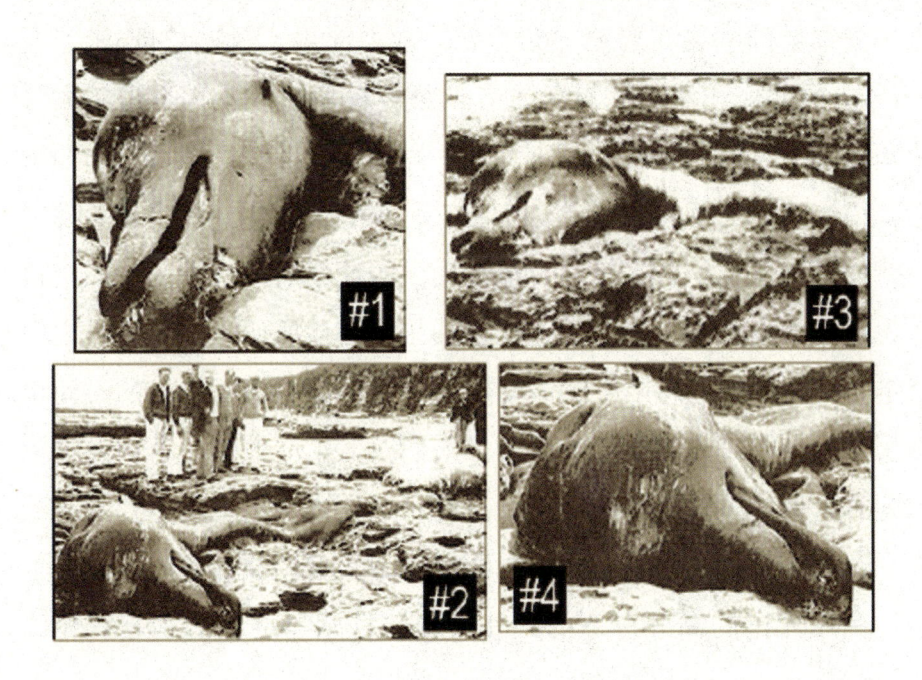

回忆，当这头怪物发现前面有人时，立即掉转头去，它的游速极快，转眼间便游过了海湾。

1961年，在美国华盛顿州邓奇纳斯岬，一位名叫赫特兰的建筑工程师带着家人在海滨散步，他们看到一头怪物，身体呈棕色，并布满耀眼的橙色花纹，脖子粗，身上有3个驼峰和飘动的长鬃。

一次，勒布朗在接受新闻记者采访时解释说，他们记载的奇异动物并不是全部都如上述那样令人费解，许多不明的游弋物体，可能是目击者的幻觉，其实是海豹、皇带鱼，甚至是圆木或石块等。不过他们在后来的研究报告中，特地列出了观察到的23项发现，所提供的资料相当可靠。这23种动物是当今科学界所知的动物界中所没有的。

例如，1984年1月一个星期日的拂晓，华盛顿州贝灵汉市的机械工程师吉姆·汤普森在离温哥华市区8000米的海面上乘皮艇钓鱼，有一头奇异的动物在离他约60米处的水面浮出。怪物身长6米，宽0.6米，颈部呈浅淡的棕褐色，有长颈鹿短角般的头，下垂的大耳朵和略尖的黑嘴。它游动起来像蛇一样一扭一曲的，但动作十分敏捷，很快就消失了。在最近几年内，勒布朗又收集到更多有关海怪的新资料。他说，看了最近目击者提供的证据后，特别是1993年报道大西洋大乌贼吃人事件后，他愈加相信，他所研究的太平洋之中必定会有几种我们所陌生的"动物居民"。这些海怪出没的时间也确实令人惊奇，充满神秘的色彩。人们对太平洋海怪是否存在这一问题的兴趣很浓。勒布朗认为，只有利用先进的卫星遥感技术或低空平台观测系统，即用一颗特制的定点静止卫星放在海怪出没的上空，利用先进的高分辨率的红外或微波传感器会监测到其真相，

第二章 神出鬼没的水怪

但这需要一个大财团的资助。勒布朗认为："尽管没有亲眼看见海怪，但我相信目击者所说，因为他们当中有不少是科学工作者。"但何时才能将太平洋海怪弄个水落石出呢？学者们认为，只有我们真的捕到一头海怪，太平洋海怪之谜的真相才能大白于天下。

尼斯湖水怪之谜

尼斯湖水怪，是地球上最神秘也最吸引人的谜团之一。尼斯湖位于英国苏格兰高原北部的大峡谷中，湖长39千米，宽2.4千米。尼斯湖面积并不大，却很深，平均深度达200米，最深处有293米。该湖终年不冻，两岸陡峭，树林茂密。湖的北端有河流与北海相通。

关于尼斯湖水怪的最早记载可追溯到公元565年。据说爱尔兰传教士圣哥伦伯和他的仆人在湖中游泳，水怪突然向仆人袭来，多亏传教士及时相救，仆人才游回岸上，保住性命。自此以后，10多个世纪中，有关水怪出现的消息多达1000多条。但当时的人们并不相信，认为不过是古代的传说或无稽之谈。

直到1934年4月，伦敦医生威尔逊途经尼斯湖，正好发现水怪在湖中游动。威尔逊连忙用相机拍下了水怪的照片，照片虽不十分清晰，但还是显出了水怪的特征：它有着长长的脖子和扁小的头部，看上去完全不像任何一种水生动物，而很像早在7000多万年前灭绝的巨大爬行动物蛇颈龙。

照片刊出后，很快就引起了轰动，伴随着20世纪"恐龙热"的

地理趣闻

研究，人们开始把水怪与蛇颈龙可能仍然存在联系起来，并对此给予极大关注。1960年4月23日，英国航空工程师丁斯德在尼斯湖拍了一部影片，影片虽较粗糙，但放映时仍可明显地看到有一个黑色长颈的巨型生物游过尼斯湖。有些原来对此持否定态度的科学家，看了影片后改变了看法。皇家空军联合空中侦察情报中心分析了丁斯德的影片，结论是："那东西大概是生物。"

进入20世纪70年代，科学家们开始借助先进的仪器设备，大举搜索水怪。1972年8月，美国波士顿一所学院的考察队利用水下摄影机和声呐仪，在尼斯湖中拍下了一些照片，其中一幅显示有一个两米长的菱形鳍状肢，附在一个巨大的生物体上。同时，声呐仪也寻得了巨大物体在湖中移动的情况。1975年6月，该院再派考察队到尼斯湖，拍下了更多的照片。其中有两幅特别令人感兴趣：一幅显示有一个长着长脖子的巨大身躯，还可以显示该物体的两个粗短的鳍状肢。从照片上估计，该生物长6.5米，其中头颈长2.7米，确实像一只蛇颈龙。另一幅照片拍到了水怪的头部，经过电脑放大，可以看到水怪头上短短的触角和张大的嘴。最后结论是："尼斯湖中确有一种大型的未知水生动物。"1972年和1975年的发现曾轰动一时，使人感到揭开水怪之谜或者说捕获活的蛇颈龙已迫在眉睫了。此后，英、美联合组成大型考察队，派24艘考察船排成一字长蛇阵，在尼斯湖上拉网式地搜索，企图将水怪一举捕获。但遗憾的是，除了又录下一些声呐资料之外，一无所获。由于追捕水怪的失败，持否定的观点又流行起来。一位退休的电子工程师在英国《新科学家》杂志上撰文称：尼斯湖水怪并不是动物，而是古代的松树。他说，10000多年前，尼斯湖附近长着许多松树。冰期结束时湖水上涨，许多松树沉入湖底。由于水的压力，使树干内的树脂排到表面，而由此产生的气体排不出来。于是这些松树有时就会浮上水面，但在水面上释放出一些气体后又会沉入水底。这在远处的人看来，就像是水怪的头颈和身体。

地理趣闻

但这种观点无法使那些声称亲眼看见了水怪的人们信服。而且在20世纪70年代后期,又有人几次拍下了水怪的照片。为什么人们至今还不能捕获水怪呢?这要从尼斯湖特殊的地质构造谈起。原来,尼斯湖水中含有大量泥炭,这使湖水非常混浊,水中能见度不足三四尺,而且湖底地形复杂,到处是曲折如迷宫般的深谷沟壑。即使是体形巨大的水生动物也很容易静静地藏身其间,避过电子仪器的侦察。湖中鱼类繁多,水怪不必外出觅食,而该湖又与海相通,水怪出入方便,因此,想要捕获水怪,谈何容易。

只要没有真正找到水怪,这个谜就没有揭开。直到现在,人们对于水怪是否存在仍争论不休,谁也不能妄下结论。对此,英国作家齐斯特说道:"许多嫌疑犯的犯罪证据,比尼斯湖水怪存在的证据还少,也被绞死了。"这倒不失为古今人们对水怪之谜的一个幽默而又巧妙的评价。

长白山天池水怪之谜

长白山天池水怪,是传说中位于长白山天池中的神秘生物。早在清代就有相关记录。近几十年来,对水怪的发现次数和记载越来越多,但天池水怪依然是个谜。

1976年8月的一个中午,在长白山高耸入云的天文峰下碧蓝幽深的天池边,一群从北京来的游客席地而坐,正在野餐。突然,一个姑娘发出一声尖厉地惊叫:"你们看,水怪!"众人都惊愕地回头

第二章 神出鬼没的水怪

看，只见一头毛色黝黑、状若棕熊般的狰狞水怪，正伏卧在天池边的一块嶙峋怪石后，双眼灼灼地向近在咫尺的人群窥探，它听见人们的惊叫，突然蹿起，扑通一声，跳入水中。平静无波的天池内顿时漾起一条人字形波纹，而水怪转瞬间就消失得无影无踪了。

这就是许久以来一直被人们流传的天池水怪，众多目击者都异口同声地肯定了这一事实。

据统计，1962～1980年间，共有20多人分5次目睹到天池水怪，人们对它的描述归纳起来为：头比牛头还大，嘴突，颈长，体硕（3米以上）。

长白山最具权威性的《奉天通志》《长白山志〈长白山江岗志略〉》《长白汇征录》等，对天池怪兽都有记载和描述。早在光绪三十四年(1908年)，奉吉勘界委员刘建封在《长白山江岗志略》中

地理趣闻

记述："自天池中有一怪物覆出水面，金黄色，头大如盆，方顶有角，长项多须，猎人以为是龙。"清宣统二年(1910年)，长白县设治委员张凤台编著的《长白汇征录》，对怪兽做了详细记载："有猎者四人，至天池钓鳌台，见芝盘峰下白池中有物出水，金黄色，首大如盘，方顶有角，长项多须，低头摇动如吸水状。众惧，登坡至半，忽闻轰隆一声，回顾不见。均以为龙，故又名龙潭。"《长白山志大事纪要》中记述：1903年4月，行路人徐永顺云，其弟复顺随至让、俞福等人，到长白山狩鹿，追至天池，"适来一物，大如水牛，吼声震耳，状欲扑人，众皆惧，相对失色，束手无策。俞急取枪击放，机停火灭。物目眈眈，势将噬俞，复顺腰携六轮小枪，暗取放之，中物腹，咆哮长鸣，伏于池中。半钟余……池内重雾如前，毫无所见。"这是对怪兽最早的文字记载。

2013年11月24日14时50分，近百名游客在天池湖边目睹了水中有两只"水怪"在游动嬉戏的情景。从游客拍的照片上看，两只"水怪"一前一后，向神仙湾子游动，在距海西步道约600米的湖面上开始嬉戏，随后在湖中呈环形游动，水面上荡起巨大的环形波浪，大约持续了10分钟左右后，最后潜入湖中不见踪迹。

虽然"怪兽"到底是什么物种从未得到过证实，但是专家通过搜集上千人的描述，对传说中怪兽的行踪和模样有下面两个大体印象：

1. 怪兽呈鱼形，身长约2米左右，背部和两侧有鳍，黑色，游起来速度很快。

2. 怪兽体形巨大，7~8米长，棕黑色，体形似牛（相对于这种描述，第一种被游客看到和描述得更多些）。

第二章 神出鬼没的水怪

新疆喀纳斯湖的"水怪"

阿尔泰山经过漫长的冰期,在其西北部的峡谷中,留下了一弯月牙形的湖泊——喀纳斯湖。20万年以来,喀纳斯湖一直与外界隔绝,直到20世纪80年代初一批护林员来到了这里,一个隐匿已久的秘密才公之于世。

喀纳斯湖呈月牙形,人们习惯把湖区划分为一道湾、二道湾、三道湾和四道湾,湖的最北端又叫湖头,这也是人迹罕至的地方。有一次,一名叫金刚的护林员到湖头的林区去巡视,当时他把船拴在岸边,从山上下来的时候,突然在湖面上看见了一个漂浮的怪物。这个物体和船的距离约有四五百米远,初步判断长度有船的两倍。他看到这个怪物只露出了一个黑色的脊背,一直在缓慢地移动,由于天色已晚,渐渐就看不清楚了。

两年之后的一个夏天,金刚再次来到护林站,当天下午四五点钟,他无意间在湖面上观望的时候,突然又看到这个似曾相识的怪物。

然而,当他把这件事告诉当地的一个老人后,却遭到了严厉的训斥,那个老人似乎对水中的怪物了如指掌,却叮嘱金刚不许外传。老人居住在湖畔一个特殊的部落里,他们称自己为图瓦人,是成吉思汗的后代。部族老人们一直认为喀纳斯湖中有一个怪物,而且被尊称为湖圣,是他们的保护神。仝保明是喀纳斯湖

地理趣闻

上最早的汽艇驾驶员之一,一次,他驾船在湖面上巡视,突然一个巨浪打来,船猛烈颠簸起来,在惊慌失措之中他看见一个黑色的怪物在巨浪下摆动着,然后迅速消失了。据说,20世纪80年代初,有两个勇敢的猎人决定去捕捉这个水怪。然而,他们却在水怪最常出没的地方消失了。

新疆大学生物系的黄人鑫教授,是最早关注喀纳斯水怪的专家之一,他认为喀纳斯水怪很可能是对自然现象的一种误判,比如说水面上的浪花、浮游生物和漂浮的枯木等等。如果说目击者看到的的确是某种水生动物,黄人鑫认为最有可能的就是鱼,一种体形非常巨大的鱼。但排除以上所有假设,喀纳斯水怪有没有可能就是人类还没有发现的一种怪兽,一种类似史前巨鳄或恐龙的庞然大物呢?

新疆环境保护科研所的专家袁国映查证过新疆的古生物种群,在喀纳斯附近并没有找到恐龙遗迹,况且恐龙在6500万年前就已经灭绝,而喀纳斯湖只有20万年的历史,这无论从空间还是时间上都毫无联系。当然,袁国映也不排除有这样一种极小的可能性,是否有远古的某些遗留物种经过迁徙,在喀纳斯这种特殊的环境中生存下来了呢?1980年,由新疆维吾尔自治区政府牵头,多家科研单位组成的喀纳斯综合考察队成立,虽然寻找水怪并没有写进日程安排,但这正是每一个考察队员心中的渴望。

负责陆地动植物调研的队员们,陆续发现了一些罕见的动物物种,比如阿勒泰林蛙、胎生蜥蜴、白化熊。白化熊并不是人们熟知的北极熊,而是一种特殊的变异品种。这些物种的发现突然给考察队员们一个启示:在喀纳斯湖底是否也有一种未知的水生动物,经

第二章　神出鬼没的水怪

过特殊环境的异化，而变得巨大凶猛了呢？

考察队员们为寻找到水怪，便在湖面上布置了一个上百米长的大网，可到了第二天早晨，大网却消失得无影无踪。考察队员们首先想到的是，是不是水流把网冲走了，于是就顺着湖水往下游寻找，结果找了2天一无所获。是不是湖区的牧民把网偷走了？但牧民对他们都很友好，这种可能性似乎也很小。3天后，在撒网处上游2000米的地方，有人无意间发现了这张渔网，拖上来后发现渔网已被搅成了一团，还撕开了一个大口子。这是不是就是传说中的水怪所为？遗憾的是，经过3个多月的考察，这个谜底仍然没有揭开。时间一晃到了1985年，为在喀纳斯成立自然保护区，一次大型的综合性考察再次成行，黄人鑫和袁国映也分别作为领队前往。

当时，新疆大学考察队的总指挥是生物系的向礼陞教授。一天早晨，他发现平静的湖面上突然涌起一个巨大的浪花，而浪花下

地理趣闻

面，渐渐显露出一条巨型红鱼的影子。那条鱼估计有10米长，很快就又沉入了水中。向礼陔回到营地后，立刻发布了这个消息，大家纷纷跑到喀纳斯湖西侧山顶上一个叫观鱼亭的位置上去观看，果然发现湖面上有大大小小几十个红色的斑点，专家们还拍摄了照片。借助于望远镜，考察队员们基本上都肯定那些红色斑点就是大红鱼。事后，人们对照片进行了分析，将水面上的斑点和岸边的树木做了比较，发现最大的斑点长度约有树高的2/3，而湖边主要生长着西伯利亚落叶松和桦树，它们大多高15米以上，照这样估算，湖中的大鱼可能有10米长。

专家们认为，这种估算方法并不科学，而且水中的物体通过光线折射也会造成误差，最好的办法就是捕捉到一个实物。发现大红鱼后的第三天，向礼陔和黄人鑫用一个特大号鱼钩挂上一只大羊腿作诱饵，用一根长约2.8米的原木作浮漂去钓鱼。没过多久，他们就看到水面下有鱼游过来，但没有一个咬钩，而且看见有一条大鱼经过浮漂旁边并排游过去，长度大约是浮标的3倍，也就是说那条鱼将近9米长。

根据1980年和1985年考察队两次捕捞的情况，喀纳斯湖中大致有8种鱼类，除去小型的食草性鱼类，专家们把注意力集中在以下4种鱼身上，它们分别是江鳕、北极茴鱼、细鳞鲑、哲罗鲑，通过反复比较和研究，大家一致把焦点投向了哲罗鲑。首先，哲罗鲑在繁殖季节，皮肤呈红褐色；其次，哲罗鲑也是以上4种鱼中最凶猛、体型最大的。从已经捕捞上来的一条长约1.45米的哲罗鲑标本来看，这种鱼体形狭长，头部扁平，满嘴都是锋利的牙齿，即使在上下腭和舌头上也布满倒刺，咬住猎物时，猎物很难逃脱。

第二章 神出鬼没的水怪

在和诸多"水怪"目击者求证后，他们大多认为看到的东西很可能是大鱼，水中的黑色影像正是鱼的脊背。不过，即使是把喀纳斯水怪认定为哲罗鲑大鱼后，仍有一些疑问难以解释。首先，迄今为止，从喀纳斯湖中捕捉到的哲罗鲑长度还没有超过3米的，无法证明湖中会有10米长的大鱼；其次，喀纳斯湖是否有供巨型鱼存在的生态条件？哲罗鲑属于鲑科鱼类，鲑科鱼类的一个重要特性就是繁殖季节的洄游，而喀纳斯湖是一个过江湖泊，它的上下游河道都比较狭窄，尤其是和湖区相连的部分，大多是一些乱石浅滩，大鱼是如何通过的呢？2003年9月27日下午7点左右，考察队员赛力克和同事坐着汽艇去湖面巡视，汽艇行至二道湾处，轰然一声掀起了一个巨浪，一个巨大的黑色物体跃出水面约20米左右……

这一幕把人们拉回了十几年前的那场争论，曾经做出的一些猜测，现在值得重新思考，但这至少说明，在喀纳斯湖里的确有一个庞然大物，虽然几十年过去了，它却并没有消失……

美国尚普兰湖怪

1977年，桑德拉·曼西用相机拍摄到尚普兰湖怪，他说："现在，谁也无法让我相信尚普兰湖怪不存在了！"尚普兰湖怪被称为"尼斯湖水怪和欧哥波哥湖怪的近亲"。日前，又有游客在尚普兰湖拍摄到湖怪的影像。

尚普兰湖位于美国北部，湖的一小部分位于加拿大境内。在这

地理趣闻

里，人们已经不止一次拍摄到尚普兰湖怪了。

一名来这里散步的游客用手机记录下了湖怪的影像，这使得湖怪目击者的长长名单上又增加了一位。到目前为止，已经有数百人声称见过尚普兰湖怪，而关于湖怪的历史，可以追溯到数百年前。印第安人部落曾经称这种怪物为塔托斯考克。1609年，法国学者萨缪尔·德·尚普兰曾看见过当时有着苍白面孔的湖怪。而这个湖也因此得名尚普兰湖。尚普兰湖怪引起了人们无尽的猜测，而很多人相信它其实是一种名叫蛇颈龙的中生代爬行动物。

到目前为止，能够证明尚普兰湖怪存在的最好证据发现于2005年，是由两名渔夫迪克·艾福尔托和皮特·博迪特提供的一段视频。但遗憾的是，自从一个新泽西州的律师事务所宣布拥有这个视频的著作权后，这段视频便在网上销声匿迹了。

第二章 神出鬼没的水怪

猎塔湖水怪

四川九龙出了水怪！成都媒体曾报道了一名叫洪显烈的人经过数年不懈努力，在当地一个被称作猎塔湖的高原湖泊中发现水怪，并用摄像机将其拍下。据称，美国国家地理摄制组成员得知此事后表示将前来拍摄。此消息一出，立即引起许多国内媒体关注。其实，近年来，国内媒体有关发现水怪报道并不鲜见。一位曾经参加过国内某地水怪考察的专家曾说："每当有媒体报道在某地发现水怪后，前去考察的专家大多会无功而返，而这些以往曾经名不见经传的小地方却会因此而一夜成名，前来旅游的人数会比以往翻倍。"九龙县位于四川省西部，甘孜州东南部，历史上因9个带"龙"字的地域而得名。由于该县地势海拔悬殊（从1440米到6010米），纬度偏南（28°19′N～28°20′N之间），所以九龙县境内的植被十分茂密，野生动植物种类繁多，大熊猫、青藏雪鲵等国家级野生保护动物在该县境内均有分布，不少动植物种类至今仍未查清。

60岁的老喇嘛洛让扎西说，现在藏民还是习惯称猎塔湖为"黑海子"，它属于瓦灰山南面的一个湖泊。以前，一些放牧人和猎人在那里曾经见到过一些奇异的现象。但按照经书里的解释，瓦灰山是座神山，猎塔湖是座灵湖，由于这里有仙人曾在此路过，并在湖里留下了一件宝贝，因此这湖里才能产生如此神奇的现象。老喇嘛

地理趣闻

洛让扎西还说，洪显烈是个与水怪有缘的人，所以才能每次上山都见到它。洪显烈目击猎塔湖水怪第一人。他是县卫生防疫站的一名工作人员，年轻的时候非常喜欢摄影，经常把自己攒了数年的工资用来买摄影器材，如今46岁还是单身。1994年，洪显烈从石家庄毕业回到九龙县。他一直在思考如何用现有的能力帮助九龙的老百姓们尽早脱贫致富，于是想到了发展旅游这条路子。一次，在图书馆查阅资料时他意外地获得了一个信息：在喜马拉雅山上发现了恐龙化石，还发现很多水生动物的化石！他马上想到九龙会不会有什么从未发现的古生物活化石呢？从那时起，他便渐渐开始留意起这些方面的信息。据洪显烈回忆，1998年的一天，他到汤古乡时听当地的一位医生说，在附近海拔4700米的一座高山湖泊里有大鱼，这立即引起了他的兴趣。1998年6月，洪显烈的独自探寻行动因迷路无功而返。1999年6月中旬，洪显烈再次带上照相机和摄像机，与县文化馆的彝族朋友尼克耳他上山继续寻找高原水怪。"那年的6月，猎塔

第二章 神出鬼没的水怪

湖的景色很美，在最初守望的几天，湖里连条鱼影子也看不见。"洪显烈回忆说。第一天、第二天、第三天……洪显烈和朋友尼克耳他一直等到了第五天，湖面依旧也没有变化。正当洪显烈准备收拾东西下山时，天空中突然下起了瓢泼大雨，大雨一夜未停，下山的计划也落了空。第二天清晨，洪显烈提着摄像机走出岩洞。"当时我失望地最后望了一眼猎塔湖，想就此与它道别。"没想到这一眼让洪显烈终生都难以忘记。"在平静的湖面中心上，突然一个物体快速划水破浪前行，速度之快简直可以和快艇相比！"一分多钟之后，湖面只剩下一圈圈逐渐淡去的波纹。"我当即决定无论如何要等它下一次出来，用摄像机拍下它！"洪显烈说。

在第七天的上午，洪显烈把摄像机早早地就支在距湖中心300米远的山坡上。终于，平静的水面上出现一个前部形如小孩脑袋的东

地理趣闻

西,急速地从湖的一侧游向了另一侧。录像带上显示记录时间有10多分钟,其间那东西时而破开浪花急速前进,时而又缓慢地游向前方,有时候干脆停下来,在水中露出"娃娃头"来,它纹丝不动像船舶抛锚固定了一般。"这次的拍摄唯一的不足就是距离太远。"洪显烈略带遗憾地说。拍到水怪后,洪显烈对猎塔湖的兴趣更加浓厚。3年多的时间里,他前前后后上山40多次,长则10余天,短则几天,几乎次次都能看到水怪。"一次运气特别好的时候,我竟然在8天的时间里拍到了6次水怪在水面活动。"

拍摄画面的开始是冰雪笼罩的湖面,湖面遍布着许许多多的小黑点,随着镜头的推进,一个个小黑点逐步变成了冰窟窿,冰窟窿中不时冒出些小气泡。据洪显烈判断,湖面上像这样的窟窿有上百个,每个直径大约有2米长。"这种现象在附近的其他几个高原湖中均没有发现。"洪显烈说。他认为这就是水怪冬天用来透气而打开的冰洞。约两分钟后,画面上的黑色条状物沉入水底不见了踪影。镜头切换之后,湖面上露出了一个圆圆的白点,在白点上似乎还有一个更小的黑点,"白点其实有小孩的头那么大,不过不知道那是不是它的头。"洪显烈说。白点静静地浮在水面几分钟后突然旋转起来,看上去就像一条巨大的章鱼或水母正旋转挥舞着触角。洪显烈告诉记者,在他所录下的资料中,"水怪"的种类应不少于4种。

洪显烈当时拍摄的时间刚刚进入4月,夜间山上温度还很低,猎塔湖的湖面中央仍结着厚厚的一层冰。湖的背后是一座海拔5000多米的雪山。猎塔湖的湖面宽大约在200米左右,长不到400米,这在高原湖泊中并不算大。洪显烈说,附近的山上像这样的高原湖泊还有几个，不过都没有发现有生物存在，唯独只有猎塔湖里出现了生物。他建议专家6月份考察时对这里的水质应该好好的化验一下。他始终坚信，生活在这种水质里的生物将是一种以前人类从没有发现过的远古时代遗留下的两栖动物。

青海湖水怪

青海湖，古称"西海"，是我国最大的内陆湖，海拔3196米，面积4583平方千米，最深处有30多米。这里自古荒凉，有许多神话传说，近几十年关于水怪的传闻又为它涂上了一层更加神秘的色彩。

1955年6月中旬，一小队解放军战士陪同一位科学家分乘两辆水陆汽车在湖中考察。班长李孝安首先发现水中巨物：长10多米，宽2米，露出水面30厘米，像鲨鱼一样，身体呈黑黄色。

1960年春，渔业工人在湖中捕鱼时，看见远处卷起巨浪，浮出一片黑色的"巨礁"，既像鳖壳，又像鲸背，浮沉了几次，才从人们眼前消失。

1982年5月23日下午，青海湖农场五大队二号渔船工人再次看见水怪，不露头尾，背部长约13米，身上闪着鱼皮似的光。他们把目击情况详细记录在渔船记录簿上。

当地人传说青海湖的湖心底部有个无底的大黑洞，通向北面的黑海，"水怪"就幽居在黑洞里,横穿"水桥",有时来到这个湖里，

地理趣闻

有时远走他乡。当地的一位年轻藏民出于好奇,曾孤身一人冒险踏冰进入湖心,并在冰面上寻觅多时,也未能找到黑洞的洞口,却在一处水下发现了庞大的漩涡,把水搅得飞旋乱转……

青海湖有5个大岛,最大的是海心山。水怪出没常在海心山与湖东岸之间,都为黑或黑黄色,长度10多米,估计是同一动物,起码是同类动物。从形状上看,它(们)肯定不是蛇颈龙之类的远古爬行动物,因为3次都不露头,不露尾,背部也没有多大的"驼峰"。

那么,是不是"大鱼"呢?自古以来,当地藏民把天上飞的鹰和水里游的鱼奉为神灵,从不伤害和捕食鱼类,因此,前几十年,湖内鱼类达到饱和程度,有的大鱼重10千克以上。青海湖的鱼是湟鱼,也称"裸鲤",是无鳞的,不可能达到十三四米长。

拉加尔河水怪

拉加尔河长40233.6米，平均深20.43米，最深处112米。据历史资料记载，该河流最早在1345年发现水怪。

2012年2月9日，冰岛的一家电视台公布了据称是拉加尔河水怪的录像：一条像巨蟒一样的海洋动物被拍到游走在冰岛东部的一条冰冷的河流上。近一周时间，视频中的水怪可以说风靡互联网。一些人表示，该画面证明了冰岛版的苏格兰传说中的尼斯湖水怪——拉加尔河水怪的存在。

2012年2月13日，长期研究拉加尔河水怪的女历史学家米尔沙·麦吉翁认为：拉加尔河水怪其实是一张顺着湍急水流而下的破渔网。

食人水怪"坦克鸭嘴"

位于印度与尼泊尔边界的大卡利河，多年来传闻河里潜伏着神秘的水怪。但当地居民说，这个水怪已从到处觅食，进一步锁定在河里游泳洗澡的活人。科学家担心，水怪其实就是一种称为"坦克鸭嘴"（Goonch）的巨型鲶鱼，"坦克鸭嘴"印度水怪在吃了丧礼

地理趣闻

过后被人们扔下河的死者遗体后，开始对人肉产生兴趣。

2007年，一名18岁的尼泊尔男孩在大卡利河中游泳时被一个神秘水怪拖入水中，他再也没能浮上水面。据目击者称，这个神秘水怪像一个"加长版的猪"。然而，大卡利河的第一个水怪受害者可能要追溯到1988年4月，一名17岁的尼泊尔男孩跳进河中洗澡时，被一个神秘水怪突然拖入水中，死于非命。3个月后，另一名小男孩又被水怪拖入水底神秘失踪。当小男孩遭到袭击时，他惊恐的父亲只能在一旁眼睁睁地看着他消失在水中。此后，大卡利河中又发生了好几次水怪袭人事件。

据威德称，这种名叫"坦克鸭嘴"的大型鲶鱼是世界上最大的淡水鱼类之一，但人们以前从未听说过鲶鱼食人的事件。威德在调查过程中，还在大卡利河中亲自捕到了一条73千克重的巨鲶，它从头到尾足有1.8米长。威德说，如果这种尺寸的鲶鱼咬住你的话，你将没有一丝逃生的机会。

欧肯纳根水怪

据称，加拿大比任何国家的传奇水怪都要多，在哥伦比亚省欧肯纳根湖的冰冷深水中有十几只水怪。

在印第安的传说中，欧肯纳根水怪曾击翻了一艘船，当地人信奉水怪为神灵，并送上了5个祭品。虽然印第安传说和现代水怪的故事都没有足够的证据进行证实，但仍有许多目击者陆续声称在湖中发现体型庞大的水怪。

欧肯纳根水怪专家约翰柯克称，掌握欧肯纳根水怪的证据要比尼斯湖水怪多，如果你在欧肯纳根湖畔度假，最好带着照相机。目击者表示，欧肯纳根水怪体长为60～150米，头部像马，身躯像蛇。1926年，曾有一艘船遇到过水怪，当时，船上30名乘客都亲眼看见了起伏绵延12米长的水怪脊梁。

加拿大著名水怪奥古布古

加拿大湖中最著名的水怪是奥古布古。它几乎可以同最著名的尼斯湖水怪相提并论。它生活在奥卡纳江湖。该湖是一条狭长的湖泊，位于大不列颠哥伦比亚省南部。此湖虽仅长128千米，宽不过3千米，但却又深又冷。同尼斯湖一样，奥卡纳江湖由冰期的冰川侵蚀而成。

最早在这里居住的古印第安人曾发现过水怪。每当渡湖时，他们总要带一只狗或一只鸡上船。在湖中，若水怪出现，距船很近，印第安人便把船上的狗或鸡扔下湖去，以便保证自己能够平安无恙。20世纪70年代，一位名叫苏珊·艾丽丝的女子看到湖面上漂着一根树干。突然，这根树干开始活动了，逆风逆流在湖中游动。自此，人们蜂拥而至，想早些一睹水怪的尊容。

然而，奥古布古水怪至今为止仍然逃避同人类的联系。曾有60人自愿报名，要站在一个密闭玻璃舱中，并在沉入湖下9米处使用照

地理趣闻

相机,在直升机吊着高强度电灯的帮助下,拍摄水怪夜间活动的照片。此后,人们又计划将高压电极放入湖中,接通电流,利用电流在深水中通过时产生的力量,将水怪赶到水面上来……但是,这些想法都未实施,因为不可能获得成功。

铜山湖水怪

铜山湖(又被称为宋家场水库)属长江流域唐白河水系,湖水发源于伏牛山脉的白云山区,之后经泌阳河、唐河入汉江,最后归入滔滔长江。目前,铜山湖有水域面积186平方千米,蓄水量133亿立方米。湖区周围没有工业污染源,湖水清澈纯净,在水里游泳能从头看到脚,所产鱼类肉质鲜美。关于铜山湖有"水怪"的见闻最早始于20世纪80年代中期,之后几乎每年都会出现,有时一年达3次之多。

1985年9月的一天晚上,皓月当空,风平浪静,湖区水产队捕捞职工马海立驾驶一条机动挂帆木船自西向东穿过水面返回住地。当行驶至湖心岛浅水区时,他猛然发现,一个庞然大物正趴在岸边一石头边蠕动。马海立很好奇,就驾船朝那怪物慢慢靠近。月光下细看,怪物狰狞的面目惊呆了他:只见这个黑乎乎、仅有上半身露出水面的怪物,头有牛头般大小,状如蛇首,有两只短角;嘴扁平,簸箕般宽大;有两只核桃般大的鼻孔;两只眼睛宛若鸭蛋;皮肤粗糙,身上有铜钱般大小的灰色鳞片;露出水面的前躯有两爪……见

第二章 神出鬼没的水怪

有人过来，怪物忙缩身入水，向东南方向游去。怪物所经之处，激起半米高的白浪，散发出一股股恶腥气味。马海立早已被吓得魂飞魄散，忙驾船离去。

受到怪物惊吓的不仅仅马海立一人。1995年，水怪又先后吓倒了两批人。1995年8月8日，河南省平舆县办公室主任邱某一行人到泌阳县考察学习，学习之余，由该县一位副县长陪同游览铜山湖。船行至距岸边50米时，邱某最先发现前方一二十米处有3个排成一条直线的黑物同时下沉，出现黑物的水面顿时变作一条鸿沟。船上所有人都大惊失色，忙呼游船掉头。正惊慌间，只见一条移动物体朝远处急驶而去。

两个月后的1995年月10月，泌阳县委组织部在湖区管理局举办副科级后备干部培训班。培训的某天16点，6名学员课余在湖面上划船游玩。正嬉闹间，6人几乎同时发现前方数米远处有一黑色怪物突然出现，其脊背露出水面十几米长，头抬起半米高，长着两只角，两眼发着绿光……几个人顾不上细看，在一片"水怪、水怪"的惊呼声中，用尽全力把船向岸边划去。"铜山湖有水怪"一说，由此愈传愈广。

更为奇怪的是，铜山湖里有水怪的说法由来已久，据《泌阳县志》记载：清康熙五年（1666年）7月的一天，县城西南方有一个斗大的动物从天而降，模样像一条蛟龙。如果真有蛟龙存在的话，无疑目击者们对"水怪"的描述能够得到合理的解释。但是，直到目前也没有人看到过"水怪"完整的样子，因此会不会是当地人受到传说的影响，而不自觉地把看到的奇怪东西当成了"龙"呢？相信总有一天，我们能够解开"水怪"的身世之谜。

地理趣闻

肯伟岛水怪

1954年11月,英国肯伟岛的几个农民在岛上发现一具明显是被海水冲到岸上的古怪尸体。尸体虽然已经严重腐烂,但是可以看出这是个两足动物,已经适应站立行走,因为尸体足部有5个脚趾,呈U形分布,还有足弓。尸体的头部很柔软,显然没有头盖骨,头上有巨大的眼睛。这具神秘尸体很快被有关部门运走并火化了,政府要求市民不要乱联想,说这尸体没什么大不了。

1955年的8月,又一具类似尸体被冲到岛上,这具尸体的状态比第一具好很多,因此人们看得清楚,这古怪的东西有鳃!这具尸体同样被迅速火化了,没有任何人或者机构对尸体的来源给出任何解释,这个怪物成为又一个谜,如果想解开这个谜,只有再等一具尸体的出现。

第三章 地球上的奇特现象

地理趣闻

奇特的沙漠

一般来说，沙漠都是黄色的，因为沙漠主要是由岩石风化而来的，而世界上的岩石多为黄褐色。但也有一些沙漠，由于它们的风化母岩带有特别的色彩，使它们也染上了不同的颜色，让漫漫黄沙多少带上了一些浪漫的色彩。

彩色沙漠

美国亚利桑那州中部有一个彩色沙漠，面积约1.9万平方千米。大部分地区为海拔1500米以上的沙漠，地势起伏，这些沙漠点缀着孤山、台地、小丘和河谷。由于当地温度差别极大(−30℃~41℃)，风化作用十分强烈，风化作用将各色岩石风化成砂石，就使沙漠染

第三章 地球上的奇特现象

上了各种颜色，在阳光的照耀下，形成了罕见的自然奇观。加上热、光和沙尘的影响，使沙漠呈现出蓝色、紫水晶色、黄褐色、红色、淡绿色、灰色，辉煌灿烂，五彩纷呈。在热气蒸腾之下，这些色泽又会凝聚成各种颜色的烟雾，灼灼发光。随着阳光照射角度的改变，色彩也时时变化，色调有浓有淡，雨过天晴，颜色尤为明丽鲜艳。现在，这里已开辟为沙漠公园。

白色沙漠

美国新墨西哥州的路素罗盆地，有一片奇特的白沙漠。从空中俯瞰，方圆几百千米的沙漠里除了少数几种顽强扎根于沙海里的植物外，完全是一个银白色的世界。更为有趣的是，这里的一些动物，如囊鼠、蜥蜴和几种昆虫，身体也变成了白色，以适应严酷的环境，这些"白衣天使"不时出没，使人觉得仿佛置身于童话世界

之中。为什么会有这样的白色沙漠呢?原来,1亿多年前这里是一个石膏质海床,经过沧海桑田的变化,这里变成了陆地,石膏矿被常年风化后,结晶成洁白的微小颗粒,从而形成了这片白色的沙漠。

黑色沙漠

土库曼斯坦的卡拉库姆沙漠,一片棕黑色,无边无际,阴阴沉沉的。游客至此,往往会触发思古之幽情,或者感到有点不寒而栗。据考察,卡拉库姆沙漠的沙子是由这里黑色岩层经长年风化而成的。

红色沙漠

澳大利亚辛普森沙漠是红色的,特别是在阳光的辉映下,天地难分,红彤彤一片,显得异常壮丽。如果天降小雨,小小的植物发芽开花,"万红丛中一点绿",便更加为沙漠增添异彩。这

个沙漠变红的奥秘，原来是铁质矿物长期风化，使沙石包上了一层外衣——氧化铁。

神秘的死亡谷

在美国加利福尼亚州东南部，加利福尼亚州与内华达州的交界处，有一条狭长的洼地，南北走向，长225千米，宽6千米~26千米。洼地的西面是内华达山脉，东面是大盆地。洼地中低于海平面的面积有1408平方千米，最低处低于海平面85米，是西半球陆上最低的地方。

1848年，有一队往西部去淘金的淘金客队伍为了走捷径，误入谷地。他们在谷地迷失了方向，为尽快找到出口，他们烧掉篷车，丢掉行李，各自寻找活路。饥饿、干渴和烈日的炙烤，响尾蛇、蝎子等虫豸的袭击，使淘金客历尽千辛万苦，有的甚至葬身谷地，最后一人于1850年1月才走出谷地。走出后，他给这个可怕的地方取名为"死亡谷"。

死亡谷的自然条件极其恶劣。由于深陷于海平面以下，四周被高山环绕，又处在副热带高气压带控制下，这里气温很高，热量又难以排出，形成了一条长长的"火沟"。所以，这里是北美洲最热且最干旱的地方，夏季的平均气温为52℃，1913年曾测得57℃的高温，一度创造了世界热极的最高纪录，比我国"火州"吐鲁番的最高气温还高8℃。死亡谷平均年降水量仅为42毫米，最多的年份也只

地理趣闻

有114毫米，蒸发量却极大，使植物难以生长。谷底部有干涸的阿马戈萨河床，沙丘遍地，乱石嶙峋。谷中央是一片155平方千米的沙丘群，是谷地最荒凉的地方。谷内植物很少，仅在一些沼泽的边缘有一些耐盐碱的盐渍草、灯芯草等。放眼望去，谷中满目黄沙，给人一种苍凉的感觉。

死亡谷的形成与地壳断裂有关。这里原本是一条又长又深的断层陷落的谷地，两侧绝崖陡立。第四纪冰期后，由于有冰水补给，这个沟谷曾经是一个大湖。后来，这里出现了常年干旱，湖水大量蒸发。约5万年前，这个名叫曼利的湖还存在，约在2000年以前，变成了一个浅湖。后来，湖水逐渐蒸发完了，就在湖底留下了一层盐，形成了我们如今所看到的盐盆。现在，当水往沙漠里流时，水便蒸发掉，再没有水淌出来。

第三章 地球上的奇特现象

死亡谷腹地虽然荒凉,其周围景色却别具一格。死亡谷拥有死一般的沉寂和鬼斧神工的自然奇观,使它仍不失为"美国一景"。内华达山脉东麓与谷地融汇处,沟壑纵横、怪石林立,月色朦胧中更显得阴森恐怖。沿谷地边缘,山峰林立,而这些山峰的自然风貌又各不相同。白天在阳光照射下,这些山峰五光十色,非常美丽。这里成为死亡谷地区最能吸引游人的地方,被人们称为"画家的调色盘"。死亡谷因它独特的奇景于1933年被美国立为国家风景区,并建立了死亡谷国家公园,成为人们冬季避寒的休养地。

死亡谷气候干旱,夏季酷热,不适宜人类居住。但对飞禽走兽来说,却是一个难得的"极乐世界"。据统计,在这里大量繁衍的鸟类有230种、蜥蜴17种、蛇类19种、野驴1500多头,美洲狮、野山羊、大袋鼠、狐狸、眼镜蛇等也在这里悠然自得地生活,至于各种昆虫就更加不计其数了。在死亡谷的西北角,人们还发现,石头像

地理趣闻

动物一样，会"穿梭""走路"，留下了许多来来往往的足迹。

死亡谷看上去满目凄凉，神秘莫测，但大自然的演变和气候的变化给谷地留下了丰富的矿藏——硼砂矿和盐矿。从1880年开始，人们曾在这里大量开采硼砂，采矿业得到很大的发展。19世纪80年代以后，人们在死亡谷附近又发现铜、金、银、铝等矿藏。因为这些矿藏的发现，当时，这一带兴建了许多采矿城镇。

除了美国，世界其他一些地方也存在着各种各样的"死亡谷"。在俄罗斯堪察加半岛克罗诺基山区也有一个"死亡谷"，它长达2千米，宽100～300米不等。那里地势凹凸不平，坑坑洼洼，不少地方有天然硫黄露出地面。与美国这个死亡谷大不同的是，这里却是动物的地狱，到处可以见到狗熊、狼、獾以及其他动物的尸骨，景象死寂，满目凄凉。据统计，这个"死亡谷"也吞噬了很多条人命，至少已经有30人死在这里。那为什么人和动物都纷纷丧命于此呢？科学家们曾对这个死亡谷进行过多次冒险性考察和探索，但结论仍是众说纷纭，莫衷一是。有的人认为，罪魁祸首是积聚在凹陷深坑中的硫化氢和二氧化碳气体；还有人说，致命的原因可能是烈性毒剂氢氰酸和它的衍生物。可是，住在距离死亡谷仅一箭之地，而且没有山岳和森林阻隔的村舍农民，却不曾受到这些毒气的影响，世代平安无恙。

意大利的那不勒斯的瓦维尔诺湖附近，也有一处与克罗诺基山区相似的"死亡谷"。但这个死亡谷只危害飞禽走兽，对人的生命却没有威胁。据科学工作者的调查统计，每年在这个山谷中死于非命的各种动物多达4600多头，所以意大利人又称它为"动物的墓地"。同样地，动物死亡的原因仍未揭晓。

第三章 地球上的奇特现象

印度尼西亚爪哇岛上有个更为奇异的"死亡谷"。在谷中共分布有6个庞大的山洞，洞呈喇叭状，一个个都是大陷阱，对人类和动物的生命有很大的威胁。人或动物靠近洞口6～7米远，就会被一种神奇的吸引力吸入洞内，再难逃出。所以山洞里堆满了狮子、老虎、野猪、鹿以及人类的残骸。山洞里何以会具有这种吸擒生灵的力量，被吸进去的人和动物是因中毒还是饥饿而死呢？迄今仍然无法解开其中的奥秘。

壮观的钱塘潮

每年的农历八月十五前后，浙江杭州钱塘江的入海口就会出现壮观的潮涌现象，吸引世界各地的游人争相到这里来观潮。潮来的时候，原先平静的海面就会堆起几米高的大浪，最高的浪头曾达到9米多高，汹涌澎湃，像千军万马一样地从海上向河口处涌来，其声、其势都堪称举世无双。

"秋满湖天八月中，潮头万丈驾西风。云驱蛟蜃雷霆斗，水激鲲鹏渤澥空。"钱塘江涌潮以其雄伟的气势、多变的画面、迷人的景象吸引来了千千万万的观赏者。古往今来，文人墨客们为此景留下了无数的佳作。

"漫漫平沙走白虹，瑶台失手玉杯空"，"若素练横江"这是描写初潮的情景。"惊涛来似雪，一坐凛生寒"，"云树绕堤沙，怒涛卷霜雪"，"雪涛千里如山摧"，"似万群风马骤银鞍，争超

地理趣闻

越"，"涌若蛟龙斗，奔如雪雹惊"这是潮涌时的景象。

"来疑沧海尽成空，万面鼓声中。""一千里色中秋月，十万军声半夜潮。""雷震云霓里，山飞霜雪中。""海面雷霆聚，江心瀑布横。""天排云阵千雷震，地卷银山万马奔。"这是潮水的声势。

不同的比喻构成一幅幅形象各异的画面。这样的文墨诗句不胜枚举。钱塘江涌潮以自己独特的形、声、势，成为浙江的重要旅游景点。钱塘江为什么会有如此高的潮势呢？

要说清这个问题，就要从潮汐的成因，钱塘江入海口特殊的地形结构说起。

到过海边的人都知道，海水有涨有落，这就是海水的潮汐。白天海水上涨，叫做"潮"；晚上海水上涨，叫作"汐"。涨潮时，

第三章 地球上的奇特现象

海水上涨，波浪滚滚；退潮时，海水悄然退去，露出一片海滩。海水为什么会产生这样的水涨水落的现象呢？产生海水潮汐的原因是由于地球自转产生的离心力和月球、太阳等天体的引力影响，由于月球离地球最近，所以月球的吸引力最大。据计算，月球的引潮力为太阳引潮力的2.17倍，所以，海水潮汐最主要受月球引力的影响。地球每天都会自转一圈，同时它又围绕着太阳公转，而月球也在围绕着地球公转。所以，地球上的某个点，每天都会正对着太阳、月球各一次。以月球为例，当地球上某一点正对着它时，这一点所受的月球的万有引力最大，引力与离心力互相叠加，使海水受到的向外的作用力最大，海水在力的作用下就会凸起，形成高潮；同一时刻，在地球的两侧(即与对月点成90度角)的位置上，月球引力的分力与离心力产生互相抵消的作用，海水所受到的向外的力最小，在地球引力的作用下，海水向内凹下，形成落潮；而在地球的背面，离心力与月球引力也呈互相抵消之势，但此时月球的引力最小，所以向外的离心力还是保持得比较大，所以，也会出现一次较小的高潮。地球转动是有周期的，所以每天正对着月球的时间都有周期性，引潮力也在周期性地变化，这就是潮汐周期性变化的原因，即一日之内，地球上除南北两极及个别地区外，各处的潮汐均有两次涨落。由于地球自转时，月球也在往前走，地球上的某一点正对月球的周期并不是地球自转的周期(24小时)，而是稍微长一些（24小时50分）。也就是说，潮汐涨落的时间每天都要推后50分钟。太阳对潮汐的作用也与月球相似，要说明的是，由于太阳、地球、月球体系中，它们之间的相互关系很复杂，地球上每个点在不同的时刻受到太阳和月球的综合作用都不相同，所

地理趣闻

以，它们的潮汐情况也各异。

在每个农历月的初一前后和十五前后，太阳、月亮和地球排列在一条直线上，太阳和月亮的吸引力合在一起，此时对地球的吸引力最大，所以每月初一和十五前后的潮汐都比较大。特别是中秋节前后，是一年中地球离太阳最近的时候，因此，每年农历八月十五前后的秋潮是一年中最大的。从上面的叙述中我们知道，地球上每处海边都会发生周期性的潮汐，但为什么钱塘江的潮汐却特别高、特别有气势呢？这与钱塘江入海口特殊的地形结构有很大的关系。

钱塘江的入海口叫杭州湾，它形如一个喇叭口，外宽内狭，出海处宽达100千米，而往西到海宁县盐官镇附近，只有3000米宽。潮水刚进杭州湾时,水面宽阔,越往西河口越窄,潮水受到河流两岸地形的约束,只好涌积起来,潮头越积越高。同时,由于海水的顶托,钱塘江水携带来的大量泥沙在入海口处沉积了下来,在钱塘江口形成一个体积庞大、好像门槛一样的"沙坎"。当潮水向钱塘江口内涌去的时候,潮势遇到这个沙坎,向前的推力变成了向上的力量,把海潮叠得更高。在潮水前进的过程中,江底的沉沙又对潮流起阻挡和摩擦作用,使潮水前坡变陡,速度减缓,这样,前浪跑不快,后浪追上来,层层相叠,就出现了一浪叠一浪、一浪高一浪的涌潮。

除了钱塘潮,在我国历史上,还有两处著名的涌潮:山东青州潮和广陵涛。但由于历史久远,现在很难找到有关青州潮的记载了。广陵也就是今天的扬州。据说,广陵涛盛于汉至六朝,消失于公元766年~公元799年唐代的大历年间。

2000多年前,长江口也是喇叭形的河口,一直到扬州附近,才见收缩,扬州以下,骤然开阔,海潮上溯,奔腾澎湃,就形成了壮观的涌潮。后来,由于从上游输运下来的泥沙很多,口外泥沙沉积,形成了很多新陆地,使扬州一带离大海更远了,海潮到达扬州时,其势已经减小了很多。更重要的是,长江口外形成了很多沙洲,阻挡和分化了潮水的力量,最终使曾经著名的广陵涛消失了。但在今日,长江口处的长江北支还时有涌潮出现。

钱塘江的涌潮蕴藏着丰富的潮能资源。据观测,河口处澉浦的多年平均潮差为5.57米,最大潮差8.93米,是我国沿海潮差最大的地方。20世纪60年代,我国的研究人员曾提出在杭州湾内兴建潮汐电站的方案。据估计,如果在浙江省乍浦镇兴建潮汐电站,装机容量

地理趣闻

可达538万千瓦,年发电量164亿度。但由于当时还有很多技术等方面的问题没有解决,这个建议到如今还只是停留在理论的层面上。

汹涌的潮水也经常给钱塘江两岸带来潮灾。据统计,1000余年来,重大潮灾已发生210余次,其经济损失已难用数字统计。

一天3次日出日落的地方

日出、日落,就是一天。日子就这样周而复始地重复着。所以,在我们的概念里,日出是白昼的开始,日落黑夜便降临,一天之中,只有一次日出,也只有一次日落。

可是当有人说,某个地方一天之中有3次日出和日落,你能相信吗?在我国著名的旅游风景区云南丽江,就有这么一个神奇的地方,它就是丽江的黎明乡。

黎明乡位于一个群山环抱的山谷中,四周高峰林立,拔地而起的红色砂岩峰丛把南部的天空割成锯齿状。每到冬至日(12月22日)前后,太阳就很偏南,南部的天空离地面很近,就会出现3次日出和3次日落的奇观。太阳升起后不久,在南方锯齿状群峰间的狭窄天空中行走不到2个小时,就落到了另一座峰峦后面去了;正当人们为这峡谷里白天短暂而惊叹不已时,在这座雄奇峰峦的西侧竟又射出万道霞光,太阳好像又升起了一次;而后不久,太阳却又落在第2座山的后面去了,过一段时间后才又重新从第2座山的西边升了起来。如此循环往复,太阳仿佛一天3出3落一样。这就是

第三章 地球上的奇特现象

所谓的"黎明黎光"的奇景。

这样的奇景可以说举世无双，所以人们都说，太阳特别眷顾着这里的山水，把这里的山都照成红色了。原来，只有300平方千米的黎明地区，竟分布着由红色砂岩形成的240多平方千米的丹霞地貌，岩石、险峰、悬崖、峭壁，均呈现出鲜艳彤红的色彩，似彩霞浸染，若火焰燃烧，色彩缤纷，景色奇丽。当地的居民认为，这里每天有3次日出，光照资源丰富，所以把山山岭岭染成了红彤彤的模样。

有专家指出，这里有西南地区唯一、全国面积最大的丹霞地貌，也是我国海拔最高、高差最大、层次最分明、色彩最绚丽的丹霞地貌。除此之外，这里还有无数大大小小的溶洞，或似厅堂，或似宫殿，还有无数奇形怪状的钟乳石组成了这里一幅幅美丽的景色。

地理趣闻

奇怪的南极洲不冻湖

南极洲位于地球的最南端,是一块常年被冰雪覆盖的广袤的陆地。在南极,我们放眼望去,这是一片皑皑白雪、银光闪烁的大地。这片1400万平方千米的土地上,绝大部分地方覆盖着很厚的冰层,冰层的平均厚度为1880米,许多地方冰层厚达4000米以上,所以,南极大陆也被称为"冰雪高原"。常年的冰雪覆盖,使南极大陆气候酷寒,年平均温度仅-25℃,最低温度达到-90℃,所以又被称为"世界寒极"。

第三章　地球上的奇特现象

然而，在这极冷的世界里竟然奇迹般地存在着一些不冻湖。在南极大陆维多利亚地区附近的干谷地区，终年不降雪，更无冰川。而更令人称奇的是，干谷底部有一个名为范达湖的暖水湖，在68.6米深的湖底部，水温高达27℃。探险家们还发现，在南极大陆共有20多个湖泊，不仅终年不冻，而且湖水温暖。科学家们对这些南极不冻湖深感兴趣。他们研究发现，南极湖泊有3种类型：一类是湖面冰冻；另一类是湖面季节性冰冻，夏季湖面解冻，液态水露出湖面；还有一类是寒冬湖面也不封冻。其中最奇特的就是范达湖，尽管湖泊表面有冰层，但随着深度增加，湖水温度迅速升高，直到湖底水温接近27℃。科学家们将这些不冻湖称为南极地下的"热水瓶"。

在冰天雪地、气候异常寒冷的南极洲，为什么会有这种"热水瓶"呢？人们众说纷纭。

有科学家提出这样的假说：这是一股来自地壳的岩浆流烤热了湖底的岩层，提升了湖底水的温度。但是，这个说法很快就被推翻了。1973年11月，科学家们在范达湖进行了地质钻探，钻孔穿过范达湖湖面的冰层、水层，钻入湖底岩层，取了岩心，发现湖底水温很暖，但是湖底岩层很冷。这说明，湖底的岩层并没有被烤热。另外，地质学家们至今也没有在湖底找到地壳断裂带，所以，不可能有什么地热流从地底下流出温暖湖水。又有人提出，可能湖里存在某种特殊化学物质在反应放热，但至今也没找到这种物质。

美国的冰川学家曾提出压力消融的假说，认为是冰盖上部冰的压力使冰消融变成水。但仅仅是压力就能将冰消融成这么浩大的湖泊吗？这一说法很难说服其他的科学家。

地理趣闻

甚至还有一些科学家猜测：在南极的冰层下，极有可能存在着一个由外星人所建造的秘密基地，他们的活动场所散发的热能将这里的冰融化了。

而另一些科学家则对这一现象提出了比较科学的解释，他们认为，这是太阳把湖水烤热了。原来，虽然范达湖湖面上的冰层很厚，但湖水却非常洁净，很少有矿物质和微生物，保持了永不混浊的状态。在南极洲极昼期间，太阳光长期地照在湖面上，透过洁净的冰层和透明的湖水，把湖底的水晒成了温水。这一层湖水含盐较多，咸水的比重较淡水的比重大，不会跟上层淡水对流融合，能够较好地积蓄着太阳光能，加之淡水层像一件保暖的"棉袄"，湖面的冰层又像密闭的保暖库，使得这层咸水得到了"保暖"，从而使范达湖的湖水长年保持着较高的温度。

这个观点虽然得到很多科学家的支持，但也有不少的反对者。

第三章 地球上的奇特现象

一些学者提出，较暖的湖水层通过对流，必然把热量传给周围湖水，结果应该是整个湖水都变暖，但范达湖的温度却是不均匀的。另外，在南极半年的极夜期，为什么能保持这样高的水温，而在另半年的极昼时期，它的水温并没有无限制地升高呢？所以，关于南极不冻湖的成因，目前还没有完全统一的、令人信服的答案。

正当人们还在为不冻湖的成因争得不可开交的时候，1995年，俄罗斯科学家宣布，他们在南极中心地区、俄罗斯"东方"南极考察站附近约4000米厚的冰盖下，发现了一个很大的不冻大湖。该湖最深处达550米，相当于最深的贝加尔湖深度的1/3。

这个湖的发现几乎与臭氧层的发现一样引起轰动，因为它的水可能是世界上最纯净的水，可能为生物提供特殊的生存条件，还可能含有重要的气候信息。科学家们迫切地想知道这个冰下大湖的更多的情况，但这谈何容易，要取得科学的数据，需要在气候极其恶劣的南极进行极深的钻探，这需要很高的技术。

奇特的万年冰洞

山西省宁武县有一处奇异的景观——万年冰洞。它地处管涔山深处，深不可测。洞外的气候条件根本构不成结冰的环境，可洞内却四季冰封，一年四季温度始终保持在-4℃以下，且愈往地层深处冰层愈厚，和一般地质情况越往深处温度越高形成强烈的反差。即使三伏炎夏，洞外绿草如茵、百花盛开，洞内却仍是寒气逼人、冰

地理趣闻

雕玉砌。更为奇特的是，与冰洞相距不到200米处，还有千年不熄的地火，当地人称千年火山。这一冰一火，本是相克，却奇妙地共存于同一山上，可谓举世奇观。

宁武冰洞是我国迄今为止发现的最大冰洞，目前是国家级的旅游景点。

这个冰洞是如何形成的呢？

有人认为，它形成于第四纪冰川时代，是史前冰河期遗迹。持这种说法的人认为，每到夏季，冰川就会处于消融的状态中。冰川的消融分为冰下消融、冰内消融和冰面消融3种。地壳不断向冰川底部输送热量，从而引起冰下消融。而当冰面融水沿着冰川裂缝流入冰川内部时，也会产生冰内消融。冰内消融的结果，就是在巨大的冰川体内形成空洞，也就是所谓的冰川岩溶现象，如冰漏斗、冰井、冰隧道和冰洞等。

第三章 地球上的奇特现象

所谓的岩溶现象指的是石灰岩地区的岩石被水溶解的现象。桂林的石林就是岩溶现象而形成的，这种独特的地貌被称为喀斯特地貌。由冰川消融引起的冰川地貌也很像喀斯特地貌，所以，冰川学家称这种冰川形态为喀斯特冰川。

实际上，喀斯特冰川确实在很多地方出现。所以，很多人就本能地认为，宁武冰洞也是由冰川消融形成的。他们认为，宁武冰洞曾经是岩溶发育区，并且经历了温暖潮湿的气候作用，逐渐形成石灰岩溶洞。而该地区曾经是山岳冰川发育区，在第四纪冰期及间冰期时期，大量的积雪、冰川融水甚至破碎冰块堆积于洞中，经过复杂的物理变化，融化和重新凝结，再加上大气降水的不断渗入，终于在溶洞内形成今日所见的冰洞奇观。后来，由于当地比较特殊的地形、气候等自然地理环境因素，冰洞得以有效保存了下来。所以，他们认为，宁武冰洞是由岩溶作用和冰川

地理趣闻

作用以及环境因素共同作用的结果。

　　但这种观点很快就被其他人所否定。有科学家认为，这是地下有"造冰"的机制造成的，其主要的根据就是山的另一侧有一个地热的升腾口——这就好像电冰箱，一端在放热，另一端的热量就会被吸收走，从而使之温度下降到冰点以下而形成冰洞。这种观点看起来比较符合科学的道理，但也存在着很多的疑点——我们知道，冰箱是通过压缩气体，释放压力来完成冷热循环的，虽然管涔山另一侧确实存在着一个四季冒着热气的活火山口，但它与冰洞之间是不是连到一起的呢？就是连到一起，它们之间又是如何完成空气的压缩和释放呢？提出制冰机制的人并没有提出让人信服的完整的制冰学说的观点。

　　所以，宁武冰洞的成因到底是"冰川说"还是"制冷机制说"，难以下最终的结论。

第三章 地球上的奇特现象

奇妙的坡地逆温现象

我们都知道，气温是随着海拔高度的增高而逐渐降低的。这主要是因为对流层大气的热量主要来自地表，离地面越近的大气，接受地面辐射的热量越多，气温就越高；而离地面越远的大气，接受的热量越少，气温就越低。一般情况下，每上升100米，温度降低0.6℃左右。即在数千米以下对流层中，总是低层大气温度高，高层大气温度低。但在某些地方，特别是在山区，却是越往上气温越高，与我们所了解的常识相违背。

这种情况在我国的新疆特别明显，成为新疆很多地方冬季气温高的一个重要特征。当你乘车从乌鲁木齐向南出发，沿途就会体验到这种异常的气候。汽车一路往南，海拔不断升高，汽车沿坡往上爬。同时，你也会感到气温随着汽车往上爬而逐渐升高，从寒冷的严冬进入了一片温暖的世界。而当你下车后，更会感觉到山上的温暖。这就是避寒胜地——乌鲁木齐南山风景区。这种随着高度增高而气温增高的现象称为逆温现象。

除了乌鲁木齐，伊犁河谷也经常出现逆温现象。到了冬季，在伊犁河谷的一些浅山和丘陵区边缘等坡地上，就经常出现逆温层。这些逆温层沿着坡地水平方向呈带状分布，所以又被称为"逆温带"。在逆温带区域内，大约海拔每升高100米，气温随之升高0.5℃。逆温带里，不受寒流和大雪袭击，这为果树和牲畜越冬提供

地理趣闻

了生存条件。所以，每到严冬，新疆很多地区的牧民就把牛羊都往山上赶，以利用山上较高的温度避过寒冷的冬天。为什么会出现这种逆温现象呢？原来，在山区地区，当冷空气团越过山顶后就会下沉到谷底，谷底原来较暖的空气被冷空气抬挤上升，就会沿着山坡往上流，由于越接近山谷，冷空气越多，越接近山顶，暖空气越多，于是就出现了越往上气温越高的温度倒置的现象。这样的逆温主要是在一定的地形条件下形成的，所以又称为地形逆温。

奇趣倒淌河

中国的总体地形是西高东低，所以，中国的河流大都是从西往东流。当然，由于局部的地形地貌的关系，也有一些河流是朝别的方向流的，往南往北往西都有可能。河流往南和往北流似乎没有什么稀奇，但如果往西流，就会由于它与总体河流的流向趋势相反，让人觉得很不可思议。这些河流之中，最有名的当数青海湖边的倒淌河。

倒淌河只是一条小河，长度只有40多千米，但它与我国著名的风景名胜区青海湖和日月山连在了一起，所以也就闻名遐迩了。它发源于日月山西麓的察汗草原，海拔约3300米，西至青海湖，一脉清流，浅浅的，窄窄的，静悄悄地流过起伏的草原，从东往西流注入青海湖。

倒淌河是青海湖水系中最小的一支，它蜿蜒曲折，而且河水清

第三章 地球上的奇特现象

澈见底，看上去犹如一条明亮的缎带飘落在草原上。但由于它特殊的流向和成因，更由于它美丽的传说，而使它从众多的河流中脱颖而出，成为青海湖周边最出名的河。

关于倒淌河的传说有很多，汉族的民间传说是：唐王李世民为了沟通藏汉两族的关系，促进文化交流，将年轻貌美的文成公主嫁给吐蕃松赞干布。文成公主在赴西藏途中，到达日月山时，回首不见长安，西望一片苍凉，念家乡，思父母，悲恸不止，泪流两行，泪水汇成的小河也随着公主向西流去。而在藏族民间流传的则是另一个神话故事：龙王派他的4个儿女造南北东西四海，最小的女儿造西海(青海湖)时，需108条河水，她找到了107条河，最后一条河怎么也找不到。聪明的小龙女从日月山倒着牵来了一

地理趣闻

条河，这条河便是倒淌河。其实，这只是神话传说罢了。而倒淌河的形成，却有一番曲折的过程，正是这一番曲折，也使它更有名了。原来，2亿多年前，青藏高原还是一片大海，后来由于强烈的地壳运动，高原逐渐隆起。青海湖一带由于地势低洼而形成了湖。开始的时候，青海湖还是一个外泄湖，湖水由西向东注入黄河。大约在13万年以前，随着地壳的强烈变化，日月山平地突起，把青海湖的出口严严堵住，青海湖从此变成了闭塞湖，那输出的湖水也被迫倒流入湖内，从而形成了倒淌河。

倒淌河畔有一小镇，名叫倒淌河镇，它是青藏公路与青康公路的汇合点。镇上建有饭店、旅社、商店、银行、邮局、学校、运输站、卫生所等，过往的行人和旅游者大都愿意在这里歇息、停留。这几年，随着倒淌河名气越来越大，来这里旅游的人越来越多，这个草原小镇也逐渐热闹了起来。

奇怪的山区焚风

"焚风",顾名思义,就是火一样的风,是山区特有的天气现象。焚风,最早是指气流越过阿尔卑斯山后在德国、奥地利和瑞士山谷形成的一种热而干燥的风。实际上,在世界其他地区也有焚风,如北美的落基山、中亚细亚山地、高加索山、中国新疆吐鲁番盆地,甚至太行山东麓也出现过焚风。在北美洲西部,人们将焚风称为钦诺克风。

但最著名的焚风还数欧洲的阿尔卑斯山、北美洲的落基山、高加索山区的焚风。阿尔卑斯山脉在刮焚风的日子里,白天温度可

地理趣闻

突然升高20℃以上，初春的天气会变得像盛夏一样，不仅热，而且十分干燥，经常发生火灾。强烈的焚风吹起来，能使树木的叶片焦枯，土地龟裂，造成严重旱灾。

为什么会出现焚风呢？焚风的形成与气流和地形有很大的关系。

当山岭的一侧是高气压，另一侧是低气压时，空气会从高压区向低压区移动。在移动过程中，由于受到地形阻挡，空气团被迫上升。高空的气压较低，所以，空气在上升中，就会逐渐膨胀起来，温度也就随之降低。一般来说，空气每上升100米，气温就下降0.6℃。当空气上升到一定高度时，水汽遇冷凝结，形成雨雪落下。空气到达山脊附近后，就变得很稀薄和干燥。然后，它就翻过山脊，顺坡下降。在下降的过程中，空气的密度随之增加并出现增温的现象。空气每下降100米，气温就会升高1℃。因此，空气沿着高大的山岭沉降到山麓的时候，气温常会有大幅度的升高，就形成了干燥的热风，这就是焚风。一般来说，山的两边，即使高度相同，背风面空气的温度总要比迎风面的高。每当背风山坡刮炎热干燥的焚风时，迎风山坡却常常下雨或落雪。

一般来说，在中纬度地区相对高度不低于1000米的任何山地都会出现焚风现象，甚至更低的山地也会产生焚风效应。焚风的害处很多，它常常造成干旱天气，使果木和农作物枯萎，降低产量，还常常会引发森林火灾。19世纪，阿尔卑斯山北坡几场著名的大火灾，都是发生在焚风盛行时期。遇到特定地形，强劲的焚风又可造成局部风灾，刮走山间农舍屋顶，吹倒庄稼，拔起树木，伤害森林，甚至使湖泊水面上的船只发生事故。例如，2002年11月14日夜间，速度高达160千米/小时的焚风风暴袭击奥地利西部和南部部分地区，数百栋民房屋顶或被风刮跑或被刮倒的大树压垮，300公顷森林的大树被连根拔起或折断。风暴还造成一些地区电力供应和电话通讯中断，公路铁路交通受阻。这起突发风灾，共造成2人丧生，直接经济损失数百万欧元。另外，焚风在高山地区可大量融雪，造成上游河谷洪水泛滥，有时甚至引起雪崩。

医学气象学家认为，焚风天气出现时，相当一部分人会出现不舒适的症状，如疲倦、抑郁、头痛、脾气暴躁、心悸和浮肿等。这些症状是由焚风的干热特性以及大气电特性的变化对人体的影响引起的。

焚风有时也能给人们带来益处。北美的落基山，冬季积雪深厚，在冬末春初，积雪会受到焚风的影响，一段时间以后积雪会全部融化，大地长满了茂盛的青草，为家畜提供了草场，所以，不用等到春天，人们就可以在户外放牧了，因而当地人把焚风称为"吃雪者"。风力较小的焚风，能增加当地热量，可以提早玉米和果树的成熟期，所以高加索和塔什干绿洲的居民，干脆把它称为"玉蜀黍风"。而瑞士一些地区，如罗纳河谷上游的玉米和葡萄，就是靠焚风带来的热量而加速成熟的。焚风影响不到的地区，庄稼则难以早熟。

在我国，受焚风影响的地区也很多，但不如上述地区明显。如天山南北、秦岭脚下、川南丘陵、金沙江河谷、大小兴安岭、太行山下、皖南山区都能见到其踪迹。

据气象部门统计，位于太行山东麓的石家庄是我国焚风多发的地区，年平均出现焚风19天，最多的年份可达49天。当出现焚风时，10分钟内平均增温可达4℃以上，相对湿度平均可下降

地理趣闻

30%~40%，偏西风风速达3米/秒以上。

1956年11月13日、14日，石家庄气象站曾观测到在短时间内气温升高10.9℃的焚风现象。1990年12月21日，一次较强的焚风曾在10分钟内使石家庄气温升高13.1℃，相对湿度下降52%，风速增到23米/秒。

在石家庄，每当焚风出现时，大气能见度就会明显提高，由一般的6千米增大到30千米以上，远望太行山上的景物也十分清晰。还常常出现由于气流下沉而形成的荚状云，这种云看上去静止不动，很少变化。石家庄的焚风，主要出现在冬季和春季，90%的焚风出现在夜间。

焚风对石家庄工农业生产和人民生活有一定的影响，冬末早春的焚风，给人们带来温暖，可使积雪融化，土壤解冻，物候期提前；初夏的焚风，加剧了干旱，使冬小麦灌浆和蜡熟过程加快，造成死熟减产。焚风也给火灾的发生和蔓延提供了有利的条件。石家庄近10年中发生特大火灾9次，其中7次火灾发生前48小时内都有焚风天气出现。

石家庄西部的获鹿、赞皇等县受焚风影响最明显，冬季平均气温比同纬度的盐山、沧州等地高2℃~3℃，当地利用这一气候特征发展蔬菜栽培，种植菠菜、韭菜及香椿等，获得了蔬菜上市早，经济效益高的效果。

因此，只要我们学会合理地利用焚风这一资源，就会给我们的生产和生活带来有利的影响。

奇特的悬湖——洪泽湖

通常，湖都是在地势低洼的地方形成的，所谓水往低处流嘛，地势低，才能蓄积很多水而成为湖。但令人惊奇的是，在我国的江苏省北部，却有一个高于周围地面的大湖——洪泽湖，它高悬于苏北大地之上，是我国乃至世界著名的悬湖。

洪泽湖是中国的第4大淡水湖，面积2069平方千米，它位于淮阴市的西南、江淮平原上，因湖东岸有个洪泽县而得名。洪泽湖是一个浅水型湖泊，水深一般在4米以内，最大水深5.5米。洪泽湖的湖底海拔10.5米，但在其东部的里下河平原，平均海拔高度却小于9米。因此，其湖底高出东部苏北平原4~8米。在这里，你要看到湖面，必须登上16米高的大堤。

洪泽湖为什么平地而起成为湖呢？说来颇有一番曲折。其最主要的原因是古黄河侵占淮河入海通道所致。

原来，800多年前，淮河还是一条独流入海的大河。它西出河南桐柏山，东至江苏云梯关入黄海。在现今洪泽湖的位置有一些小湖群。南宋建炎二年(公元1128年)黄河决堤南侵，夺了淮河水道。汹涌的黄河水带来大量泥沙沉积于淮河里，致使淮河逐渐水流不畅。1194年，黄河在清江市附近再次夺淮河下游河道入海，使淮河水流

地理趣闻

更加不畅。于是，淮河上中游流下来的水最后在盱眙以东滞留，很快成为水面宽大的洪泽湖。

一直到清朝，咸丰五年(公元1850年)，黄河才又改道北上，这期间700余年中，淮河的泥沙含量越来越高。洪泽湖形成后，淮河上中游的水来到这里流速顿时慢下来，输沙能力更弱，因此大量泥沙沉于湖底，使湖底日益升高，湖周围的人们不得不在地势较低的东岸不断加高堤围以防洪水。就这样，逐渐在洪泽湖的东部形成了一条壮观的大堤。这条大堤也就逐渐地把洪泽湖抬高，这样洪泽湖也就成了一个高于东部平原的悬湖。现在，这条大堤已经加高到了16米，顶宽有50米。堤顶还被铺上沥青，成为堤路合一的大堤，是南京通往淮阴的主要通道之一。洪泽湖形成的历史也是一部人类与洪水抗争的历史。洪泽湖的千年大堤就是历代为治水而建的，它全长67千米，几乎全用玄武岩的条石砌成，蜿蜒曲折有108弯之说。远远望去，大堤宛如一座横亘在湖边的水上长

第三章 地球上的奇特现象

城。在中国，这样浩大的古代水利工程，也只有都江堰能与之齐名。洪泽湖古堤目前已申报了世界遗产。

洪泽湖水生资源丰富，湖内有鱼类近百种，以鲤鱼、鲫鱼、鳙鱼、青鱼、草鱼、鲢鱼等为主；洪泽湖的螃蟹也是远近驰名的。此外，洪泽湖的水生植物非常著名，芦苇几乎遍布全湖，繁茂处连船只也难以航行。莲藕、芡实（别名鸡头）、菱角在历史上享有盛名，曾有"鸡头、菱角半年粮"的说法。

洪泽湖古称破釜塘。公元616年，隋炀帝下江南，其时正值大旱，行舟十分困难。当龙舟经过破釜塘时，突然天降大雨，水涨船高，舟行顺畅。隋炀帝大喜，自以为洪福齐天，恩泽浩荡，于是便把破釜塘改名为洪泽浦。唐代始名洪泽湖。

地理趣闻

神奇的贝加尔湖

贝加尔湖位于俄罗斯的西伯利亚南缘，靠近蒙古北部的地方，是一个东北向长条状的湖。它长636千米，相当于从莫斯科到圣彼得堡之间的距离，平均宽48千米，最宽处79.4千米，面积达31500平方千米。它狭长而弯曲，宛如一轮明月镶嵌在西伯利亚广袤的森林之中。

"贝加尔"一词源于布里亚特语，意为"天然之海"。在我国古书上，这里被称为"北海"，是我国古代北方少数民族的主要活动地区，汉代苏武牧羊的故事即发生在此处。贝加尔湖是亚欧大

陆上最大的淡水湖，也是世界上最深和蓄水量最大的湖。从面积上说，它位列世界湖泊的第8位，但蓄水量却是老大，总蓄水量为23600立方千米，相当于北美洲五大湖蓄水量的总和，约占全球淡水湖总蓄水量的1/5。它还是世界上最深的湖泊，最大深度达1620多米。贝加尔湖湖畔阳光足，有多处温泉，是俄罗斯东部地区最大的疗养胜地。

贝加尔湖四周群山环抱，溪涧错落，原始林带苍翠，风景奇丽。贝加尔湖的湖水源于色棱格河等大大小小336条河流及支流，来水极为丰富。湖水由安加拉河流出，水流十分湍急，从宽阔的石子河床上一路向北奔向叶尼塞河，最终汇入北冰洋。我国科学家曾实地考察过此湖泊，认为湖水的水质达到一类水标准，是理想的饮用水。

贝加尔湖湖中有岛屿27个，最大的是奥利洪岛，面积约730平方千米。

湖水结冰期长达5个多月，湖滨夏季气温比周围地区约低6℃，冬季约高11℃，具有海洋性气候特征。贝加尔湖是世界上最古老的湖泊。湖底为沉积岩，第四纪初的造山运动形成了该湖周围的山脉，湖区地貌基本形成的时间迄今约2500万年。贝加尔湖下面存在着巨大的地热异常带，火山与地震频频发生。据统计，湖区每年约发生大小地震2000余次。

贝加尔湖有许多奇特的地方。例如，湖水一点也不咸，也就是说它与海洋不相通，但却生活着地地道道的海洋生物，如海豹、海螺、鲨鱼和龙虾等。贝加尔湖位于寒带，但湖里却生长有热带的生物，如贝加尔湖藓虫类动物，其近亲就生活在印度的湖泊里，贝加尔

地理趣闻

湖水蛭在我国南方淡水湖里才能见到，贝加尔湖蛤子，只生存在巴尔干半岛的奥克里德湖。世界上的淡水湖中，只有贝加尔湖湖底长着浓密的"丛林"——海绵，海绵中还生长着奇特的龙虾。

对于贝加尔湖这些丰富的生物种群的来源，科学家们作了种种推测。最初，一些科学家认为，地质史上贝加尔湖是和大海相连的，海洋生物是从古代的海洋进入贝加尔湖的。苏联科学家维列夏金认为，中生代侏罗纪时的贝加尔湖以东地区，曾有过一个浩瀚的外贝加尔海，后来由于地壳变动，留下了这个内陆湖泊，而现在的"海洋生物"就是当时海退时遗留下来的。随着雨水、河水的不断加入，咸水变淡，遗留的海洋生物也逐渐地适应了新环境。但这个推测很快被推翻。20世纪50年代初期，苏联在贝加尔湖附近打了几口很深的钻井。从取上来的岩芯上分析，这里只有新生代的沉积岩层，很多证据表明，贝加尔湖地区长时间以来一直是陆地，在地壳断裂活动中才形成了现在的湖，这是一个断层湖，从而否定了湖中海洋生物是海退遗种的说法。迄今为止，关于贝加尔湖海洋生物的来源，仍是一个谜。

美丽而神奇的马拉开波湖

世界上有一些四周都被陆地包围的水体，它们明明是湖，却被人们称为海，如里海、黑海、死海等等。而有些水体，明明是与大海相通的，却又被人们称为湖。在南美洲濒临加勒比海的委内瑞拉的西北部，就有一个这样的湖，它南北长约190千米，东西宽约115千米，最宽处为120千米，湖的总面积为1043万平方千米，海域辽阔，水天一色，是南美洲第一大湖。它就是闻名世界的马拉开波湖。

马拉开波湖形如一只大鸭梨，湖体是那只鸭梨，而与其外面的委内瑞拉海湾相通的细长的马拉开波海峡就是鸭梨的柄。委内瑞拉湾外，就是一望无际的加勒比海。

马拉开波湖是一个很奇特的湖。从地图上看，马拉开波湖犹如一个巨大的海湾，又像委内瑞拉湾残存的一个潟湖，它与大海完全相通，照理说，它的湖水应是咸的。然而，马拉开波湖的湖水却是淡的。只有湖的北部，由于海潮的顶托关系，潮水时断时续地涌入湖中，使这里的湖水略带咸味，而广阔的中、南部区

地理趣闻

域，湖水完全没有咸味。

为什么会这样呢？

从地质学上说，马拉开波湖既不是海湾，也不是泻湖，而是一个典型的构造湖泊。它坐落在范围更大的马拉开波盆地中，是盆地里的最低洼部分，实际上是由于地壳运动造成凹陷盆地蓄水而成的断层湖。湖的周围，多为潮湿的沼泽低地，湖的东南西3个方向，都是高山，几十条大小河流自山上向湖泊汇聚，淡水源源不断地注入湖中。而北面的出口——马拉开波海峡狭窄而水浅，马拉开波湖虽然与大海相通，但海水却很难大量地灌进湖来，所以，湖水是淡的。因此，它就被人们称为湖了。

马拉开波湖底及其周围地区是一个巨大的地下油库，石油蕴藏量约占委内瑞拉石油总储量的1/4，是委内瑞拉主要的石油产地。黑色的原油常常从湖畔的裂缝中溢出来。委内瑞拉能成为"石油之

第三章　地球上的奇特现象

国",马拉开波湖的贡献最大,这个国家的第一桶石油就是在湖畔开采出来的。如今,在湖的四周,井架林立,管道如网。特别是在湖的东岸,更发展成了一个连成一片的石油城。而湖口西岸的马拉开波城,则是委内瑞拉第2大城和重要的炼油中心及石油输出港。

马拉开波湖区地处热带,炎热多雨。但就在湖泊东南方不远的地方,就是安第斯山脉北段东侧的分支——梅里达山脉,它平均海拔高度在3000米以上。山脉中部的博利瓦尔峰,海拔5000多米,高耸入云,虽然地处热带,峰顶却常年被皑皑的白雪所覆盖,形成热带地区少有的雪峰奇观。海风、湖光、山色、雪峰等景色在这个热带地区交相辉映,显得格外清新美丽,从而使马拉开波湖成为委内瑞拉乃至南美洲最著名的风景区之一。

地理趣闻

奇湖大观

奇怪的风成湖

在沙漠里，经常会出现风成湖。这是因沙漠中沙丘间的洼地低于潜水面，由四周地下潜水汇集在洼地而形成的。

一般来说，风成湖都是些不流动的死水湖，面积较小，湖形多变，常是冬春积水，夏季干涸或成为草地。由于沙丘随定向风的不断移动，湖泊常被沙丘掩埋而成为地下湖。在巴丹吉林沙漠的高大沙山之间的低地上分布有百余个风成洼地湖，面积一般不超过0.5平方千米，最大的伊和扎格德海子，面积也只有1.5平方千米，最深处水深6.2米，由于湖面蒸发强烈，盐分易于积累，故湖水含盐量很高，且大部分湖底有结晶盐块析出。

风成湖由于其变幻莫测，常被称为神出鬼没的湖泊。例如，非洲的摩纳哥柯萨培卡沙漠的东部高地上有一个"鬼湖"，晚上，它是水深几百米的大湖，一旦天亮后，不仅湖水消失，而且还会变成百米高的大沙丘。其实，不是鬼在作怪，而是地下可能有一条巨大的伏流，由于地层变动，伏流便涌溢上来，成了大湖。有时候，刮起大风沙时，风沙又把它填塞，湖就消失而变成沙丘。

令人迷惑的马拉维湖

马拉维湖位于非洲东部东非大裂谷的南端，是一个十分奇特的

第三章 地球上的奇特现象

湖泊。上午9时左右，马拉维湖湖水开始慢慢下降，直至水位降至6米才中止。4小时后，湖水逐渐返回，马拉维湖恢复原有泱泱大湖的原貌。下午7时，湖面开始翻动，水位不断上升，直至洪流满溢，倾泻四方，2小时后恢复平静。马拉维湖湖面变化并无一定的规律可循，有时一天一变，有时数日一变，有时数周一轮回，但都是从早上9时开始，一个变动周期能持续12小时。

湖水咸淡各半的湖泊

巴尔喀什湖地处哈萨克斯坦共和国的东部，它的湖水东咸西淡，在世界上众多的湖泊中独具特色。为什么巴尔喀什湖湖水一半咸一半淡呢？原来，巴尔喀什湖是一个东西长南北窄的狭长形湖泊。湖泊中部有一个半岛，半岛与对岸形成的湖峡很窄，宽约3.5

地理趣闻

千米，把湖面分成了东西两部分。西半部宽而浅，宽27千米～74千米，水深不超过11米，有伊犁河、卡拉塔尔河、阿克苏河、阿亚克兹河等河注入。东半部窄且深，宽10千米～20千米，水深25米，盐度较高。两湖之间有一条狭窄的水道相连。该湖地处中亚腹地，气候极度干燥，蒸发旺盛，使之具备了形成内陆咸水湖泊的条件。但由于发源于天山山脉的伊犁河自东向西注入巴尔喀什湖的西半部，为该半部湖提供了75%～80%的入水量，加之其他较大河流的注入，使得西半部湖水平均含盐量仅为1.48‰；而湖泊的东半部却没有大河注入，仅有数条小河注入，其蒸发量大大超过河水补给的数量，平均含盐量高达10.4‰。除了巴尔喀什湖外，里海也是咸淡各半的湖。其南部为沙漠和高山所围，水体很深，因为水分大量蒸发，盐分逐年积累，湖水也越来越咸。而其北部湖水较浅，又有伏尔加河等大量淡水注入，所以北部湖水含盐度低，南部含盐度是北部的数十倍。

第三章　地球上的奇特现象

冰与火交融的冰岛

在北大西洋中部，北极圈旁，有一个神奇的岛。那里不仅有着巨大的冰原和冰川，还有众多频繁喷发的火山。不相容的冰与火在这里构成了奇妙的童话世界。这就是被人们称为"冰与火之国"的冰岛。

从地理位置上说，冰岛是欧洲最西部的国家，是欧洲第2大岛，也是一块很年轻的土地。冰岛大约形成于6000万年前，当时，北大西洋海底火山爆发引发了地壳变动，在喷涌而出的火山岩浆凝固后，地球上就多了一个岛屿，这就是今天的冰岛。由于岛屿被大量的冰川覆盖，所以人们叫它冰岛。

冰岛有13%的地方常年被冰雪覆盖着，这里有欧洲最大的冰河和许多美丽的冰湖，其中尤古沙龙湖是冰岛最为著名的冰河礁湖，湖面上漂浮着大小不一、形状各异的浮冰。

冰岛还有极地之外最大的冰盖——瓦特纳冰原，其总面积达8400平方千米，覆盖着冰岛约8%的陆地，冰层厚度达400米以上。正因为如此，冰岛的气候十分寒冷，年平均气温不到5℃。

然而，冰岛又是一个充满热与火的世界。冰岛处于亚欧板块与美洲板块的交界处，地质条件复杂，火山、地震等地质活动频繁，是全球火山活动最剧烈的地区之一，也是全球最大的火山

地理趣闻

区，全国有100多座火山，其中30多座是活火山。大约每隔5年就有一次剧烈的火山爆发，喷发后的熔岩在岛上堆积。因此，那里的许多高山和平原都是由冷凝了的熔岩流形成的。熔岩流地貌占了全岛面积的1/10。

火山和地热就像一对孪生兄弟，所以，冰岛的温泉也特别多，大小温泉有200多个。地下水被没有完全冷凝的熔岩烤得很热，压力和体积都增高，就沿地层的裂缝涌了出来，形成各种各样的温泉。它们的温度各不相同，有的适合于洗澡，有的则热得可以用来做饭，土豆和鸡蛋放在其中，一会儿就煮熟了。最奇特的是，有很多间歇温泉，其中最大的间歇泉名叫"盖济尔"泉，其意就是"一拥而出"或"腾空而起"的意思，它每隔6小时左右喷发1次，每次持

第三章 地球上的奇特现象

续5分钟，水柱可高达70米，最低时也有24米。

冰岛的首都叫雷克雅未克，意思是"冒烟的城市"，其实这里冒的不是烟，而是温泉水汽凝结的水雾。雷克雅未克的市民们做饭、取暖都不烧煤和柴，而是使用地热资源。所以，雷克雅未克是世界少有的"无烟城市"。人们还利用地热发电，培植瓜果蔬菜等，地热资源极大地方便了当地居民的生活。

冰岛国土近90%的面积为冰原、冰川、湖泊、火山和熔岩区，可耕地仅占国土总面积的1%。该国的农业极不发达，粮食、蔬菜和水果基本依靠进口。冰岛虽然很冷，但由于地处大西洋暖流的路径上，所以冰岛的港口终年不冻，而其四周水域也成为渔产丰富的世界著名的天然渔场。冰岛人自古以来就以渔业为生。如今，渔业仍是冰岛国民经济最重要的支柱产业，其产值约

地理趣闻

占国内生产总值的20%，出口则占全国出口总值的70%以上，在世界渔产品总出口量中也占有5%的份额。截止到2009年1月，冰岛总人口为31.9万人，但全国却拥有近千艘装备先进的渔船，总吨位12万多吨。近几年来，冰岛的年捕鱼量均维持在200万吨以上，人均7.5吨，名列世界第一。

地球的伤疤——东非大裂谷

"东非大裂谷"亦称"东非大峡谷"或"东非大地沟"，是一条可以从飞机上明显看得见的断痕。它虽然没有阴森、恐怖的深涧，但确实可以看出它是一条断裂带。从卫星照片上看，它犹如一

第三章 地球上的奇特现象

道巨大的伤疤，从东非大地上划过。

东非大裂谷位于非洲东部，南起赞比西河的下游谷地，向北延伸到马拉维湖北部，并在此分为东西两条。东面的一条是主裂谷，它沿维多利亚湖东侧北上，穿越坦桑尼亚中部的埃亚西湖、纳特龙湖等，经肯尼亚北部的图尔卡纳湖以及埃塞俄比亚高原中部的阿巴亚湖、兹怀湖等，继续向北直抵红海和亚丁湾，再由红海向西北方向延伸抵达约旦谷地，全长6000多千米。东面的裂谷带宽度较大，谷底大多比较平坦。裂谷两侧是陡峭的断崖，谷底与断崖顶部的落差从几百米到2000米不等。西面的一条分支沿着乞力马扎罗山雪峰，经坦噶尼喀湖、基伍湖、爱德华湖、艾尔伯特湖等一直到苏丹境内的白尼罗河，全长1700多千米。这一支的谷底则有呈串珠状的湖泊约30多个。这些湖泊多狭长水深，其中坦噶尼喀湖南北长679千米，东西宽仅40千米～80千米，是世界

地理趣闻

上最狭长的湖泊，平均水深达700米，仅次于北亚的贝加尔湖，为世界第2深湖。这条大裂谷在地理上已经实际超过东非的范围，一直延伸到死海地区，因此也有人将其称为"非洲——阿拉伯裂谷系统"。大裂谷宽约30千米～100千米，深达2000米，谷壁如刀削斧劈一般。这条长度相当于地球周长1/6的大裂谷，气势宏伟，景象壮观，是世界上最大的裂谷带。

东非大裂谷穿越的地方是全非洲最高的地带，属所谓的东非裂谷高原区，非洲的几座海拔在4500米以上的高峰，全部分布在这个自然区内，其中有著名的乞力马扎罗山、肯尼亚山、埃尔贡山等。既然是裂谷，很多人可能就想象出这样的画面——那里一定是一条狭长、黑暗、阴森、恐怖的断涧，其间荒草漫漫，怪石嶙峋，渺无人烟。其实不然，裂谷展现在你面前的，完全是另一番景象：除了远处的陡崖外，裂谷里的景致与其他的山地并没有不同的地方。相反，裂谷底部，平平整整，坦坦荡荡，牧草丰美，林木葱茏，生机盎然。

在肯尼亚境内，裂谷的形态最为典型。大裂谷在这里纵贯南北，将这个国家劈为两半，恰好与横穿全国的赤道相交叉，因此，肯尼亚获得了一个十分有趣的称号："东非十字架"。裂谷两侧，断壁悬崖，山峦起伏，犹如高耸的两垛墙，首都内罗毕就坐落在裂谷南端的东"墙"上方。登上悬崖，放眼望去，只见裂谷底部松柏叠翠、深不可测，那一座座死火山就像抛掷在沟壑中的弹丸，串串湖泊宛如闪闪发光的宝石。

裂谷造成的深陷盆地，还使它成了东非的一座巨型天然蓄水池，非洲大部分湖泊都集中在裂谷里，大大小小约有30多个，例如阿贝湖、色拉湖、图尔卡纳湖、马加迪湖、马拉维湖、坦噶尼喀湖

第三章 地球上的奇特现象

等。这些湖泊基本上呈长条状展开，顺裂谷带排成串珠状，成为东非高原上的一大美景。这些裂谷带的湖泊，水色湛蓝，辽阔浩荡，千变万化，不仅是旅游观光的胜地，也是动植物的乐园。在这些湖滨地区，土地肥沃，植被茂盛，野生动物繁多，大象、河马、非洲狮、犀牛、羚羊、狐狼、红鹤、秃鹫等都在这里栖息。最特别的是火烈鸟，成千上万只红红的鸟儿在湖面上飞翔或栖息时，就会出现红霞片片的特殊美景，十分好看。

那么，东非大裂谷是怎样形成的呢？据地质学家们考察，大约3000万年以前，这一带的地壳发生了大断裂，形成了这一巨大的陷落带。板块构造学说认为，这里是大陆板块分离的地方。在10亿多年以前，地球上曾有一个巨大的超级大陆。后来，这个超级大陆分裂成几个板块后开始漂移分离，最终变成了我们今天所知道的几个大陆。它们至今仍在漂移。非洲的东部边缘

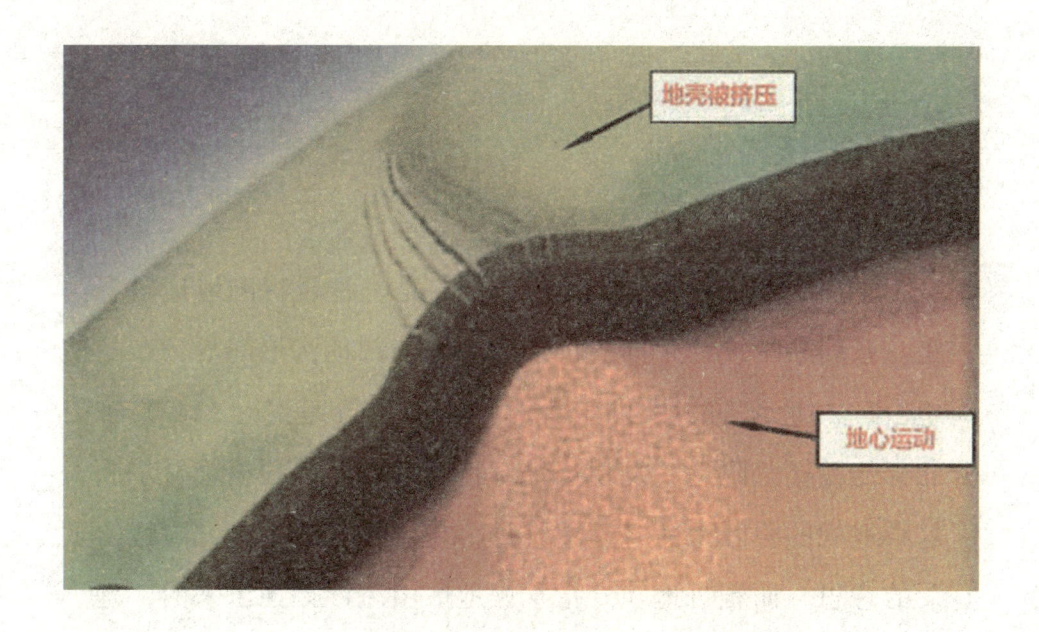

地理趣闻

跟亚洲一起向东移动，而非洲的其余部分则缓缓地向西漂移。这就是造成东非大裂谷的原因。

非洲东部正好处于地幔物质上升流动强烈的地带。在上升流作用下，东非地壳抬升形成高原，地壳下面的地幔物质上升分流，产生巨大的张力，正是在这种张力的作用之下，地壳发生大断裂，从而形成裂谷。由于抬升运动不断地进行，地壳的断裂不断产生，地下熔岩不断地涌出，渐渐形成了高大的熔岩高原。高原上的火山则变成众多的山峰，而断裂的下陷地带则成为大裂谷的谷底。

如今，东非大裂谷还在扩张，平均速度为每年2～4厘米，裂谷带仍在不断地向两侧扩展。由于这里是地壳运动活跃的地带，因而多火山和地震。地质学家们相信，如果依照现在的速度发展下去，未来的某一天，东非大裂谷终会将它东面的陆地从非洲大陆分离出去，从而产生一片新的海洋以及众多的岛屿。

奇特的雅丹地貌

雅丹地貌是一个地理学名词，指的是一种奇特的地理景观。它是一系列断断续续延伸的长条形土墩与凹地沟槽间隔分布的地貌组合。20世纪初，中外学者对罗布泊进行考察时，在罗布泊西北部的古楼兰附近，发现这种奇特的地貌，并根据维吾尔族人对这种地貌的称呼来命名。"雅丹"在维吾尔语中为"险峻的土丘"的意思，而雅丹地貌专指干燥地区由风沙刻蚀出来的，是一

第三章 地球上的奇特现象

种典型的风蚀性地貌。

那么，雅丹地貌是如何形成的呢？在干旱的地区，湖泊的形成往往伴随着一系列水进水退的过程，因而发育了上下叠加的泥岩层和沙土层。在长期的地质风化作用下，风和流水带走疏松的沙土层。荒漠区剧烈变化的温差所产生的胀缩效应则使坚硬的泥岩层发生崩裂，雨雪水的冲刷作用使得裂隙加宽扩大，大风对裂隙不断进行剥蚀，沙土层逐渐演变形成风蚀沟谷和洼地，坚硬的岩石则留下来形成孤岛状的或大或小的长条形土墩。如果岩层近于水平且硬、软岩层相间，软岩层容易被剥蚀掉，硬岩层相对突出，像屋檐那样，称石檐。如果软、硬层相间的岩层是陡倾斜的，那么就形成锯齿状的雅尔当地形。如果组成石柱的岩石下软上硬，兼之低处的风携带的沙多且沙粒粗大，高处的风携带的沙少且沙粒细小，风的吹

蚀和磨蚀作用在石柱的上部和下部表现出明显不同的结果：下部变得很细，像蘑菇把儿，上端则成了蘑菇伞，形成蘑菇石。最后的结果，蘑菇把儿也被剥蚀掉了，蘑菇伞只靠着很小的一点接触面积坐落在基岩上，看上去摇摇晃晃的，称摇摆石。

我国最有名的雅丹地貌是新疆的"魔鬼城"。"魔鬼城"又被称为"乌尔禾风城"，古书中称它为"龙城"，位于准噶尔盆地西北边缘、克拉玛依市区东北110千米处的乌尔禾油区。"魔鬼城"呈西北—东南走向，长宽在5千米以上，地面海拔350米左右。据考察，大约1亿多年前的白垩纪时，这里是一个巨大的淡水湖泊，后来经过两次大的地壳变动，湖泊变成了间夹着砂岩和泥板岩的陆地瀚海，地质学上称它为"戈壁台地"。然后，再经过前述的地质风化和风蚀的作用，地面形成深浅不一的沟壑，裸露的石层被狂风雕琢得奇形怪状：有的龇牙咧嘴，状如怪兽；有的危台高耸，垛堞分明，形似古堡；这里似亭台楼阁，檐顶宛然；那里像宏伟宫殿，傲然挺立。远眺过去，就像中世纪欧洲的一座大城堡。大大小小的风蚀物像城堡一样林立，高低参差，错落有致。纵横交错的风蚀沟谷是街道，石柱和石墩则像沿街而建的楼群。

风城地处风口，四季多风。每当风起，飞沙走石，天昏地暗，怪影迷离。特别是到了夏秋季节，这里常常会刮起七八级大风，风沿着谷地吹过，卷着砂石发出凄厉的声响，有如鬼哭狼嚎一般，"魔鬼城"的名字就是这样得来的。

雅丹地貌在世界上许多的干旱区都可以找到，在中国也并不仅限于新疆。从青海的鱼卡向西通往南疆的公路沿途非常荒凉，在南八仙到一里平公路道班之间都可以看到雅丹地貌。新疆的雅丹地形分布最多，除了克拉玛依的"魔鬼城"，还有奇台的"风城"、罗布泊和古楼兰等，也都是典型的雅丹地貌。一般认为，风在雅丹地貌的形成过程中起了很关键的作用，有人甚至认为，风成是雅丹地貌的最主要的特征。但近年来，也发现了一些水成的雅丹地貌，这一发现进一步完善了人们对雅丹地貌的认识。

炫目的丹霞地貌

丹霞地貌是20世纪30年代命名的一类地貌类型，它指的是由红色沙砾构成的、以赤丹崖为特色的一类地貌。这类独特的地貌最先是在广东省仁化县的丹霞山发现的，所以就以这个地方的地名来命名。丹霞地貌最突出的特点是"赤壁丹崖"广泛发育，即广泛分布着各种红色的断崖、奇峰，形成了顶平、身陡、麓缓的石山、石墙、石峰、石柱等奇险的地貌形态，是名副其实的"红石公园"。

丹霞地貌属于红层地貌，所谓"红层"是指在中生代侏罗纪至新生代第三纪沉积形成的红色岩系，一般称为"红色沙砾岩"。在丹霞地貌发育的地区，总可以在悬崖上看到粗细相间的沉积岩层，颗粒粗大的岩层叫作"砾岩"，细密均匀的岩层叫作"砂岩"。

丹霞地貌主要分布在中国、美国西部、中欧和澳大利亚等地，

地理趣闻

以我国分布最广,其中又以丹霞山面积最大、发育最典型、类型最齐全、形态最丰富、风景最优美。那么,丹霞地貌是如何形成的呢?红色屑岩在内陆盆地的湖泊中沉积,形成红色岩层。后来地壳抬升,岩层的裂隙被流水侵蚀切割,原来的岩层就发生崩塌,保留下来的岩层就构成了红色山块。

广东丹霞山位于湘、赣、粤3省交界处的仁化县境内,距广东省韶关市45千米,方圆290平方千米的红色山群"色如渥丹,灿若明霞",故称丹霞山。现在,丹霞山是国家级重点风景名胜区,国家地质地貌自然保护区,被誉为"中国红石公园"。

第四章 星空探秘

地理趣闻

月球奇异现象之谜

　　人类登上月球已有30多年了。美国、俄罗斯的科学家们一直不断地观察着地球身边的这个伙伴——月球。天文学家们和宇航科学家们观察到的各种特异现象越来越多，令科学家们难以破解。

　　美国宇宙航天局曾对登上月球的宇航员有严格规定：登上月球后的所见所闻要严格保密，不得向外界透露。这给了解月球更蒙上了一层神秘的色彩。

　　但随着时间的推移，有不少宇航员都退休了。他们不断向外界透露当年他们登上月球后所见到的一些令人难以解释的谜。这使得天文学家们对月球上一些现象的研究出现分歧。有人认为月球并非是一个无任何生命迹象的宁静世界。

美国宇航员们首先发现了月球上有类似人类的脚印。美国宇航员波尔曼对《自然》杂志的记者说，他是亲眼看到这一双清晰的脚印的，并有照片为证。波尔曼肯定地说："我们并非是首先登上月球的高级智慧生物，远在我们之前已有高级智慧生物踏上月球大地……"

卡特兰尔博士已从美国宇航局工作岗位上退休。当年，这位学者专门负责登月宇航员与休斯敦航天指挥中心之间的联络工作。他写过一本《外星人捷足先登月球》一书，书中写道：美国"双子星"和"阿波罗"号宇宙飞船在接近月球时，不断遇到不明飞行物的跟踪。

地理趣闻

宇航员们乘坐的"水银号"宇宙飞船，首先用密码发回信息，告知休斯敦航天指挥中心，他们在月球轨道上受到不明飞行物的跟踪。"阿波罗11号"宇宙飞船更为清晰地发回了不明飞行物体靠近它的照片。这些不明飞行物体在它的前后围绕飞行，像发出警告似的，要飞船不要飞向月球。这些全有清晰的照片为证。

卡特兰尔博士还在书中记载了一段有趣的对话：宇航员奥姆斯特和阿莱德林登上月球后，与休斯敦航天指挥中心的一段对话：

"喂喂！你们发现了什么？"

"附近有许多凹坑……"

突然，奥姆斯特的声音中断，好像受到了一种强烈情绪的支

配，显然他的注意力被他遇到的惊奇事物所吸引。不久，他继续回答："在我们的旁边看到了像是坦克经过留下的痕迹……"

"呀！在我们的前面，凹坑那边，有一个庞然大物，它闪耀着光芒……"

卡特兰尔博士所写的《外星人捷足先登月球》一书，在美国科学界引起了广泛的关注，不少科学家认为，月球可能是外星人的基地。加利福尼亚大学天文学家哈里得波教授发起呼吁，要求美国宇航局公开宇航员们在月球上的所见所闻，让科学家们认真地研究月球上的奥秘。芝加哥大学教授史密斯博士提出了一种假说：月球内部是空的，它是地外智慧生物制造的另一个世界，它有建筑物，是一个庞大的"人"造的生物生存地。

美俄两国有不少科学家也持有类似史密斯博士的观点：月球的中心是空的，这个空间是智慧生物所建造的。他们的依据是月球的密度与地球不同（月球的密度是3.33克/立方厘米，而地球是5.5克/立方厘米）。月球的重力如此之小，这说明它是空的。月球内部有一个巨大的金属壳体，这个壳体异常坚硬，它有内壳与外壳两层，整个壳体的厚度有30千米，它的作用是保护月球上的智慧生物的生态环境。美国宇航员曾用飞往月球的"阿波罗11号"飞船带了一枚威力很强大的原子弹，目的是想炸开月球上的金属壳体，以揭示月球的内部奥秘。但因受到不明飞行物体发出的电磁波的干扰，原子弹未到月球时便提前爆炸了，致使他无法完成预定的使命，美国宇航局证实了这一事实。

据苏联发射的宇宙飞船月球实地考察到的分析结果：月球上的"海"（指的是月球上的平坦部分）是被金属层所覆盖的，这可能

地理趣闻

是暴露在外的金属壳。月球"海"的金属壳是由金属钛、锆、铬等构成,坚固异常。它具有耐高温、防辐射的作用。俄罗斯的科学家格列夫院士说:"即使美国的原子弹在月球表面爆炸成功,也炸不开月球的地壳。这种坚硬的地壳显然是智慧生物所建造的,自然界是无法形成这道坚硬异常的铜墙铁壁的。"

美俄两国科学家分析了月球上的岩石后,从中提出了气态氧。气态氧可以维持生物生存,每20千克的月球尘土所提取的气态氧可以供几个宇航员使用24小时。此外,美国"阿波罗12号"及苏联的月球探测器均发现在月球的表面喷出了水汽。这证明了在月球的下面有水层,也可以供生物利用。

"阿波罗"登月谜事迭生

1969年7月21日11时56分,美国宇航员阿姆斯特朗走出"阿波罗11号"飞船的登月舱,在月球上留下了第一个人类的足迹,创造了人类宇航史上最伟大的成就。但美国在登月32周年纪念日来临的时候,美国国家宇航局却承认,在上千张登陆月球所拍摄的照片中,有20张照片看起来有伪造之嫌。一时间,一度沉寂的关于"阿波罗"登月真伪的讨论再次热烈起来。

2000年7月中旬,墨西哥《永久周刊》科技版刊载了俄罗斯研究人员亚历山大·戈尔多夫发表的题为《本世纪最大的谎言》的文章,对美国31年前拍摄的登月照片提出质疑。他认为,所谓美

第四章 星空探秘

国宇航员在月球上拍摄的照片和摄像记录，都是在好莱坞摄影棚中制造出来的赝品。

戈尔多夫的质疑主要有如下几点理由：

1. 在所有的登月照片和电影纪录片中，没有一张照片或电影纪录片能在太空背景中见到星星。

2. 在月球上被"拍摄"物体留下影子的朝向是多种方向的，而太阳光照射物体所形成的阴影只能朝向一个方向。

3. 电影纪录片中那面插在月球上的美国星条旗在迎风飘扬，而月球上根本没有大气层，不可能有风把旗子吹得飘起来。

4. 更露马脚的是，月球上的重力要比地球上的重力小6倍，所

地理趣闻

以人在月球上每迈一步就相当于人在地面上跨越了5~6米长的一步，而从电影纪录片中看宇航员在月球表面上的跳跃动作、高度与地面近似，并不符合月面行走特征。

5. 登月仪器在"月球表面移动"时，从登月仪器轮子底下弹出的小石块的落地速度也同地球发生同一现象的速度一样，而在月球上，这种速度应该比在地球上快很多。

戈尔多夫认为，美国宇航员当时已经接近了月球表面，但因技术原因未能登上月球。由于当时美国急于向全世界表功，所以伪造了多幅登月照片和一部摄影纪录片，蒙蔽和欺骗了世人几十年。

更有甚者，一位自称曾亲自参与了"阿波罗"登月计划工作的教授比尔·凯恩在他撰写的《我们从未登上月球》一书中，大胆地认为：载有宇航员的登月火箭虽然发射了，但目标不是月球，而是地球上某个人迹罕至的角落，在那里，指令舱弹出火箭，并被军用飞机回收。随后，宇航员在地球上的实验室内表演登月过程，最后进入指令舱，并被投入太平洋，完成整个所谓的登月过程。

事实上，20世纪50年代末至60年代初，在美苏之间的航天竞赛中，苏联一直处于领先地位，继1957年抢先发射世界上第一颗人造地球卫星之后，又在1961年把人类第一名航天员送上地球轨道。这些举动大大刺激了他们的对手美国人，美国总统肯尼迪惊呼："我们落后了！"为了打破苏联的航天优势，1961年5月25日，美国总统肯尼迪批准了国家宇航局的"阿波罗"登月计划，并在国会上大胆地向世人宣告将在1970年以前先于苏联把宇航员送上月球。

登月之难，难过登天。"阿波罗"计划是一项庞大而复杂的系统工程，由于时间紧迫，美国人动用了一切可以动用的力量，和苏

联人展开了登月赛跑。但直到1967年，美国才研制出第一个巨型运载火箭"土星五号"，但当年1月27日做首次发射试验时，就发生了意外，3名宇航员被熏死在发射舱内，随后，火箭和登月飞船不得不重新进行设计。1969年7月16日，即临近当年肯尼迪总统宣布的登月最后期限之前，"阿波罗11号"宇宙飞船载着包括阿姆斯特朗在内的3名宇航员，在"土星五号"的强力推动下向着月球飞去。短短18个月的改造就可让载人登月计划一次成功，"阿波罗11号"不得不用奇迹来形容。而在随后的6次登月飞行中，却充满了危险和艰辛，其中"阿波罗13号"不仅登月未成，还险些船毁人亡。这一切都让人难免对"阿波罗"登月计划的真实性起疑心。

更让人奇怪的是，使用现代尖端科技的航天飞机只能把20吨

地理趣闻

的载荷送上地球低轨，而当年在登月中扮演重要角色的"土星五号"巨型运载火箭却能轻而易举地把100吨以上的载荷送上地球轨道，并将几十吨重的物体推出地球引力圈，为什么后来却弃而不用了呢？据说，"土星5号"运载火箭连图纸都没有保存下来。当年美国宇航员登月后，曾在月球表面安装了一座激光反射器，但根据美国某天文台的数据计算得知，目前在地球上用激光接收器收到的来自月球的反射光束强度只是反射器反射强度的1/200。其实，这个光束是由月亮本身反射过来的。也就是说，月球上根本没有什么激光反射器。

第四章 星空探秘

当然，以上这一切都只是一些学者的怀疑，并不能切实证明"阿波罗"登月的虚假性。但美国一家权威的社会调查机构统计，目前竟有10%(约3152.5万)的美国人认为：所谓的"阿波罗"登月，是美国宇航局制造的一个大骗局。而且，不知是对此根本不屑一顾，还是确有难言之隐，美国官方迄今为止未对此做出任何正式批驳。1999年7月20日，美国在华盛顿国家航空航天博物馆举行仪式，纪念人类首次登月30周年。美国副总统戈尔向当年乘"阿波罗11号"在月球着陆的3名宇航员授予了"兰利金质奖章"，以表彰他们为航天事业作出的贡献。这也表明了美国政府对登月的态度。而登月英雄阿姆斯特朗对于登月这件事却始终选择沉默，并拒绝参加任何记者招待会、签名或合影。这又给人们留下了一个巨大的疑惑。美国宇航员首次登月是否着陆？美国登月是否真的是一场骗局？人们期待着它的真实的答案。

月面新发现震惊世人

多年来，美国航空航天局的专家们对从月球传回的140133张月面照片进行电脑分析后，再次证实了外星智能生物在月球上的神秘活动。乘坐美国"阿波罗17"号登月飞船的航天员，在月球的一个环形山中发现了一种橙色岩石，此外，还发现了黑色、红色和橙色的玻璃颗粒，它们在月球表面遍地皆是。但迄今为止，谁也不知道这些彩色玻璃颗粒是怎么到月球上去的，也无人确知月球的准确年

地理趣闻

龄，更没人知道月球是怎样来到太阳系的。

位于距月球东南部地区中心约60千米远的布里亚德环形山，是个并不宁静的事件多发区。美国"阿波罗"号登月飞船上的测震仪曾多次记录和显示出这里的月面发生的强烈震颤。在布里亚德环形山与留别涅茨基环形山之间的区域内曾出现过离奇古怪的"E"形标志物。在留别涅茨基环形山附近还发现了一个类似齿轮凸轴的东西，这个大家伙的直径约8千米，它似乎因发生一场事故而被毁。越来越多的研究人员相信，月球上的确出现过许多古怪的东西，这同目前人们广泛议论的热门话题UFO不无关系，因为UFO也是可能存在的，只要它能来到我们地球上，自然要选择某些最适宜的栖身之地作为它们的基地，那么月球当然是它们最理想的栖身基地了。从历代的古书中不难找到有关UFO的大量史实记载。

此外，月球上的许多环形山都是正多边形，须知，在自然条件下是不可能形成这种宽33千米的八边形环形山的（在月球背面，多数环形山都是正多边形的——正八边形或正六边形）。我们可以推测，月球上的这些奇迹很有可能是外太空的一种智能生物创造出来的。

在正多边形环形山的底部，还发现了一个"百合花"形状的精美雕塑品。当美国航天员在月球表面发现这些奇异的现象时惊异万分，他们觉得月球上的所有环形山都是一种极具自然美的人工雕塑品，特别是站在山谷和高原上观看这些月面奇观时，这种感触更深。

美国"阿波罗14"号登月飞船曾在月面拍摄到约1.6千米高的"超级机器"和从环形山阴影处冒出的发光"火炬"。研究人员在月球上发现的数量最多的一种装置，是类似地球上两条相互交叉的蚯蚓状巨大物体。这些"X"形物还不断地变换着其大小（长度从1.6千米到4.8千米不等），而且它们的方向指向各异。这些"X"形物看上去不像金属物，但它们在运动时，这些"X"形物时而抬起一只"腿"，时而抬起两只"腿"。这些"X"形物横贯整个环形山，排开阵势挖走数百吨土方量的泥土，甚至把环形山脊切出许多豁口。另从日本天文学家拍下的月面细微照片中不难发现，某些环形山，是由许多几何形状各异的结构物组成的。在月面还能发现一些1.6千米～3.2千米长的巨大的棒状物和饱形物，它们也像是一种机械装置，工作时"鼻子"朝上。

在月面上还发现一些半球状白色发光体，特别在月球静海的环形山中，这种发光体到处可见。奇怪的是，这个静海环形山的周围还被一些圆顶盖建筑物所环绕，这难道是外星智能生物在月球上建造的住宅群或飞碟库？

地理趣闻

在月球金格环形山地区还发现了另一种奇异的物体，这种物体在月球的其他地方也曾有过发现，它微微翘起，还带有一对相互对称的球状物，上面还带有一条下垂的绳索。

美国"阿波罗17"号飞船登月归来的科学研究报告显示：在月球静海地区发现玄武岩，还有丰富的铁和钛。在月球哥白尼环形山地区又发现含量丰富的放射性元素。在"阿波罗15"号飞船着陆地点以西从弗拉莫罗地区向北的月球"环腰"地带，蕴藏着丰富的铀和钍等资源。研究人员从距月球240米～305米的高度拍下的照片中发现，在照片左下角有一个巨大物体，它的直径约92米。在太阳照亮的一面，距布里亚德环形山约322千米的一座小环形山底部，还发现了6个类似人类建造的设施。

第四章 星空探秘

美国航天员在登陆月球后，也曾发现地外文明在月球上活动留下的踪迹。1969年11月19日，乘坐美国"阿波罗12"号登月飞船的航天员坎拉德，在长达两小时的月面漫游中拍摄到类似其他文明留下的踪迹——这是人们未知的运动设备在月面上行驶时留下的辙迹。1968年，"月球观察者5"号探测器也曾发现和拍摄到月面留下的这种辙迹。

难道月球上真的居住着来自外星的智能生物吗？如上所述的大量事实表明，并非没有这种可能。但对此持怀疑态度的科学家总想为此找到一种自然的解释，却终因论据不足而处于尴尬的境地。那么，这种智能生物为什么到月球上去？科学家们认为，他们是去开采铀、钦、铁和钍等宝藏。

尽管科学家们困惑地观望着月球上所发生的这一切，却不肯接受月球上存在外星智能生物这一可能的事实。这些未解之谜还有待人类去进一步研究和探索。

月亮是"人造"的吗

自古以来，世界各个国家的天文学家就对月球进行了长期而充分的观察和研究。月亮的圆缺盈亏，除了是诗人吟诵的对象外，更是农民耕作时的参考指标，中国的农历就是以月亮运行周期28天为基础的历法。而且，人们还发现一个很有趣的事实，月亮总是用同一面对着地球。这是为什么呢？经过长期的观察，人们发现月亮会

地理趣闻

自转，而自转的周期刚好跟它绕着地球公转的周期是一样的。所以，不管月球如何运转，我们在地球上看到的都是月亮的同一面，月球上的阴影总是一样的。

人们还注意到，月球看起来跟太阳是一样大的，那么实际上是不是真的一样大呢？古时候的人常常观察到一种奇异的天象，称为"天狗食日"，在这个时候会有一个黑色的天体把太阳完全遮住，也就是现在科学家说的日全食。日全食发生的时候，我们看到的黑色天体就是月球，月球的大小刚好可以把太阳遮住，也就是说，在地球上看，月球跟太阳是一样大的。后来天文学家发现，太阳距离地球的距离是月球距离地球的395倍，而太阳的直径也刚好是月球的395倍，所以在地面上看到的月亮，就恰好跟太阳一样大了。

科学家把围绕行星旋转的星体称为"卫星"，太阳系中比较大的行星都有自己的卫星。在太阳系的8颗行星之中，有些行星体积很大，例如木星、土星，它们也有卫星环绕着，它们的卫星的直径比行星本身要小，只有行星的几百分之一。所以，像月球这样大的卫星，在太阳系里是很特殊的。

这些数据上的巧合使得有些天文学家开始思考一个问题，月球是天然形成的吗？

首先，科学家对采集到的月球岩石做了年代分析，发现月球的岩石非常古老，有许多岩石的年代超过地球上最古老的岩石。根据统计，99%的月岩年龄超过地球上90%的古老岩石，计算出的年代是43亿年～46亿年之前。

在对月球表面的土壤做分析时，科学家们发现它们的年代也非常古老，有些甚至比月岩的时间还早10亿年。目前，科学家推测太

阳系形成的时间大约在50亿年左右，为什么月球表面的岩石与土壤会有这么长的历史呢？专家也难以解释这其中的原因。

月震实验证明了月球是空心的，月震实验也许可以说明月球的结构。设置在月球表面的地震仪测得月球表面的震动，这个振动持续超过15分钟，就像用锤子用力敲击大钟一样，振动持续很长时间才慢慢消失。举个例子，我们用力敲击一个空心铁球时，会发出嗡嗡而持续的振动，而敲击实心铁球的时候，只会维持短暂的振动。这个持续振动的现象让科学家开始设想月球是否是空心的。一个实心的物体遭受撞击时，可以测出两种波，一种是纵波，一种是表面波，而空心的物体只能测到表面波。"纵波"是一种穿透波，可以穿透物体，由表面的一边经过物体中心传导到另一边。"表面波"如同它的名字一样，只能在极浅的表面传递。放置在月球上的月震仪，经过长时间的记录，都没有记录到纵波，全部都是表面波。根

地理趣闻

据这个现象，科学家非常惊讶地发现：月球是空心的！

包着金属壳的月球，平常看上去会有一块块黑黑的影子，这就是科学家所称的黑影区。当宇航员拿起他们的电动钻想在那儿钻一个洞时，他们发现十分费劲儿，钻了很长的时间还是只能钻进去一点点。这就奇怪了，星球的表面不都应该是由土壤与岩石构成的吗？虽然有一点儿硬，但也不至于钻不进去呀！仔细地分析这块区域的地表组成成分后，他们发现月球表面大部分是由一种很硬的金属构成，就是用来建造太空船的"钛"金属。难怪会这么坚硬了。所以，月球的整体构造可以说就像是一个空心的金属球。

第四章　星空探秘

这个发现让一个长久以来让人困惑的问题得到了解答。月球上的陨石坑数量非常多，不过奇怪的是，这些坑洞都相当的浅。据科学家推算，一颗直径16千米的小行星以每小时5万千米的速度撞毁在地球上，将会造成一个直径为它自身4倍~5倍深的大坑，也就是应该有64千米~80千米深。然而，月球表面最深的一个加格林陨石坑，它的直径有300千米，深度却只有64千米。如果科学家的计算无误，造成这个坑的陨石如撞在地球上，将会造成至少1200千米深的大坑！同样力度的撞击，为什么在月球上只能造成这么浅的陨石坑？唯一可能的解释就是月球的外壳非常的坚硬。那么，前面所讲的月表坚硬金属成分就可以充分说明这个现象了。

苏联两位科学家大胆提出"月球是人造的"假说，认为月球是外表经过改装后的宇宙飞船。如此一来，才能圆满解答月球留给我们的各种奇异现象。这个假设很大胆，也引起不少人的争论，现在大部分科学家仍然不承认这个理论。然而不争的事实是，月球的确不是天然形成的。月球就像精密的机械一样，天天以同一面面对地球，从地面上看月球，也刚好与太阳一般大。它外面是一层高硬度的合金壳，可以遭受长时间高密度的陨石轰击，仍然完好如初。如果是一个天然的星体，是不该具有这么多"人造"特征的。

科学家还发现，月球面对地球的一面是相当光滑的，几大月海都是在月球的正面，背面则是密密麻麻的环形山。难怪月球能以非常高的效率反射太阳光，在夜晚的天空发亮。如果将时光倒流到远古月球刚刚成形之时，光滑的月球表面没有被陨石撞击的坑坑疤疤，中秋节夜晚的月光一定比现在更皎洁。

现在，我们知道月球总是以光滑的一面面对地球，而以粗糙的

地理趣闻

一面背对地球，这是不是告诉我们月球是有人为了在晚间照亮地球而建造的呢？如果月球是外星人监视地球的太空船，他们不必做这么大的太空船，也不必具备照明功能，相反，他们应该将月球做得越隐蔽越好，不是吗？

创造一颗类似自然的星体，利用它表面的反射能力照明地球，这个想法很符合环保理念，因为不会因为发电而造成环境污染，而且还很聪明，因为它能照亮整个地球。虽然这是个很不可思议的想法，不过也不无可能！如果今天我们的科学技术进步到这样的程度，我们会不会这样做？

那么，如果地球上曾经真的有高度发达的人类，他们有没有可能放一颗月球上去，照亮漆黑的夜晚？所以月球到底是如何形成的，至今仍然是一个谜。

金星上的大海之谜

因金星同地球有相似的环境条件，其大小、质量和密度都和地球相似，所以人们推测，金星上可能有大海，如果有大海的话，就可能有生物存在。但20世纪70年代，苏联的"金星号"系列飞船在金星上着陆，其所测得的结果推翻了金星上有大海的假说。尽管金星上有许多与地球相似的地貌，如平原、峡谷、高山、沙漠，但却没有找到海洋。可人们对金星上存在大海并不死心，到了20世纪80年代，这一问题又被提了出来。重新提出这一问题的，是美国科学

家波拉克·詹姆斯。他认为金星上确实存在过大海，不过后来又消失了，他还分析了大海消失的原因。一种可能是，太阳光将金星上的水蒸气分解为氢和氧，氢气因重量轻而纷纷逃逸出金星。第二种可能是，在金星的早期，它的内部曾散发像一氧化碳那样的还原气体，由于这些气体与水的相互作用，把水分消耗掉了。第三种可能是，由于金星上大量的火山爆发，大海被炽热的岩浆烤干了。第四种可能是，水源来自金星内部，后来又重新归还原处。

美国密歇根大学的科学家多纳休等人在波拉克·詹姆斯的基础上，又提出了新的看法。他们认为，太阳的早年并不像现在这样亮和热，太阳每秒的辐射热量要比现在少30%，金星的气候也就不像现在这样热了。有了适宜的气候，大海也就应运而生，生物也就有可能在大海里繁衍生息。可后来，太阳异常地热了起来，加上金星自转的速度要比地球慢很多，经不起烈日的酷晒，金星上的大海就这样被烤干了。

地理趣闻

后来，又有人对金星上存在大海提出了不同的看法。美国爱荷华大学的科学家弗兰克认为，金星根本就不曾存在过大海，经金星探测器的探测表明，金星大气是由不断进入大气层的彗星核造成的。1986年，空间飞船通过对哈雷彗星的探测表明，彗星核的主要成分是冰水。

由此看来，金星上是否存在过大海，仍然是一个未解之谜，需要我们去进一步去研究和探索。

揭开人类对彗星的敬畏之谜

纵观历史，彗星在世界不同民族和社会中都被看作死亡、罪恶的象征，人们对它有恐惧的复杂心理。彗星被冠以"末日预兆""宇宙威胁"的称谓，甚至被当作灾难预兆和上帝信使。彗星为何会变成夜空中最令人恐惧和敬畏的天体？当人们仰望天空，彗星是夜空中最显眼的天体，它们与茫茫夜空中的大部分天体都不一样。大多数天体有规律地分布在天空中，且天体之间的间隔是可以测算的，正是由于这种规律性，科学家绘制出一个个星座。与这些天体相反，彗星的活动总是难以捉摸，无法预测。这使得许多人认为上帝授意了彗星活动，将它们作为信使派了出来。

上帝派彗星究竟想给人类传递什么信息呢？有些人认为，彗星留下的轨迹代表着某种暗示。例如，在一些人看来，彗星尾巴的外观看上去像扫帚，所以民间又称"扫帚星"。据说，这种形状象征着那些

第四章 星空探秘

将彗星派往地球的众神们心情不悦。还有人认为，拖着长尾巴的彗星看上去像一把燃烧的宝剑滑过夜空，是战争和死亡的典型象征。上帝发出这样的信号无外乎警告人们，他们的愤怒不久将会发泄到地球上。这种解释使得那些看到彗星滑过夜空的人感到心神不定。当然，彗星的出现不仅仅是引起人们的恐惧。在古代，传说彗星还给人类带来了灾难。古罗马著作《西比路神谕》曾谈到"天空中燃起了大火，火球落向地面"。古代最著名的神话、巴比伦《吉尔伽美什史诗》也描述了伴随彗星而来的火灾、硫黄和洪水。

居住在西班牙的犹太人莫斯·本·纳赫曼曾这样描述彗星的出现：上帝从基玛带来了两颗星，将它们抛向地球，引发一场大洪水。传说古代雅库特人将彗星称为"恶魔之女"，无论它何时靠近地球，都会带来风暴和严寒。

彗星对人类文化的影响并不仅仅限于各种传说和神话。纵观历史，彗星总是同历史上最黑暗的时期联系在一起。在瑞士，哈雷彗星被认为是引发地震、疾病、洪水的罪魁祸首，甚至连动物产下双头怪动物，哈雷彗星都会担上责任。

地理趣闻

据古罗马人记载,在凯撒遭暗杀当天,彗星活动频繁,还有一次则是庞培和凯撒之间的血战,彗星同样在夜空滑过。在英国,黑死病的爆发也被安在了哈雷彗星的头上。在南美洲,印加人甚至记载,在弗朗西斯科·皮萨罗野蛮征服印加帝国前几天,天空中出现了彗星,这被视为皮萨罗到来的预兆。

彗星和灾难之间的关系并没有人们想象的那么简单,在伊斯兰教中,来自彗星的陨石却是最受尊崇的。如果不是中国古人喜欢一丝不苟地对彗星的活动进行跟踪记载,人类也许永远无法对彗星做到真正的理解。与西方天文学家不同,中国天文学家对彗星的出现、轨迹以及消失保存有大量记录。

研究人员找到了大量的,年代可追溯至中国汉代的彗星地图集,上面将彗星描述成"长尾野鸡星"或"扫帚星",并将彗星的不同形状与各种灾难联在一起。尽管中国人也将彗星视作不祥之兆,但他们有关彗星的大量记录为日后天文学家揭开彗星的真实面

第四章　星空探秘

纱提供了宝贵资料。现在，随着科学技术的发展，多数人看到彗星不再心生恐惧，也正是因为科学的力量，人类才勇敢探索并不断解开彗星身上的谜团。

非同寻常的"雨水"

下雨时，掉在地上的水，这是谁都知道的，可是，有时候下雨时，不仅有雨水还有些别的东西。

公元55年，在现在的河南开封一带，有一天，暴雨倾盆，雨中还夹杂着大量的黑色谷子，形成"谷雨"。当时，人们都对天跪拜，感激老天爷的赐舍。

1940年6月17日，苏联高尔基省巴甫洛夫区米西里村地区的天气特别闷热，天空中乌云翻滚，不久便狂风大作，并降下倾盆大雨。令人百思不解的是，几千枚银光闪闪的古银币也伴随着大雨降下来，居然还是16世纪俄国的货币。1949年夏天，在新西兰的沿海下起了"鱼水"，成千上万的海鱼从天上落下来，当时这些鱼还活蹦乱跳的呢。

1960年5月11日，我国河南桐柏县的小山坳里（约0.5平方千米）下了一场"蛤蟆雨"。这些黑褐色的蛤蟆只有一节食指大，降雨中心的稠密区每平方米约有90～110只蛤蟆。从天而降后，这些蛤蟆向附近池塘跳去。此外，还有"虾雨""麻雀雨""海蜇雨""苹果雨""桃花雨"等。

地理趣闻

这些怪雨的确让人感到费解，究竟是怎么回事呢？原来，这些怪雨都是龙卷风耍的把戏。龙卷风像一个巨大的漏斗，又像大象的鼻子，是一个猛烈旋转着的圆形空气柱。它风速每秒可达几十米至百余米，甚至200米，这比12级台风风速还要快好几倍，因此威力十分强大，可以把地上的东西卷上天空。

譬如，西班牙的"麦雨"，是由龙卷风把非洲摩洛哥的一个小麦仓库卷到天空中，然后"赐给"西班牙渔民的。米西里村的"银币雨"，是由于在离村庄不远的地方，古时候贵族们在地下埋藏了许多银币，而经过暴雨冲刷，龙卷风"挖出"了地下银币，再把它带到空中，"赏给"了当地居民。

第四章　星空探秘

　　除此之外，地球上还降过"红雨""黄雨""黑雨""绿雨"等。1608年，法国的一个城镇，天空中突然下了一阵血红色的雨，全城血色一片，看起来十分可怕。原来，这是龙卷风把附近地方的血红色的矿物埃尘卷上高空带到这个城市的上空，然后随同雨水一起降下来，于是就形成了"红雨"。

　　1963年2月21日，我国东北小兴安岭地区下了一场黄色的雨。雨后，这一地区到处都是黄灿灿的颜色，很美丽。原来，在那里有一片大林海，生长着许多红松树，每年五六月，红松盛开，黄澄澄的花粉随风吹到空中，与空中的水汽凝聚在一起，于是就形成了"黄雨"。

　　1962年夏天，马来西亚的丰盛港突然下了一场"黑雨"，这些黑雨落在地上，像一颗颗黑色的玻璃珠跳动着。大雨过后，河水全部变成了黑色。这是怎么回事呢？原来，大风把马来西亚黑

地理趣闻

土层的表面卷到空中，然后把它们"送"到这个地方，伴随着雨水一起降下来。

1994年1月6日～7日，重庆市6个县市120平方千米的范围内也下了"黑雨"。这"黑雨"也并非"天外来客"，而是重庆地区大气污染造成的。飘浮在空中的煤烟、汽车尾气等污染物与雨水结合后就变得浑浊发黑。

此外，1954年春天，英国落过一次"蓝雨"；1956年夏天，苏联下过一次"乳白雨"。

这些雨的成因相似。"蓝雨"是白杨和榆树粉末被风吹到空中随雨而降形成的；"乳白雨"是白垩和陶土的尘埃被风卷上天，混在雨中而形成的。

这些五光十色的雨看起来十分奇怪，其实明白了这些道理，我们也就容易理解了。

第五章　时光倒流之谜

地理趣闻

火山口上的神秘足迹

尼加拉瓜西部马那瓜湖以南有一个叫作阿卡华林卡的地方，它从一个名不见经传的小地方变为当今尼加拉瓜的旅游胜地，完全是得益于这里发现的一处古人类遗址。最早发现这里的人是一个名叫厄尔·普利特的美国医生，19世纪，他一直生活在阿卡华林卡。然而，他将这个发现公布于世，并后没有激起多大反响和引起学术界的注意。

直到第二次世界大战期间，华盛顿卡内基博物馆的考古学家和人类学家才对普利特的发现以高度的重视。博物馆派出不少专家、考古工作者去那里进行发掘工作。从此，慕名而来的游客、参观者络绎不绝，阿卡华林卡变得热闹非凡。后来，尼加拉瓜政府把它辟为全国重点文物保护单位，凡前往参观者均须事先征得文化部同意，方可一睹为快。

这处被尼加拉瓜人习惯称之为阿卡华林卡脚印的古人类遗址，经考古学家们鉴定，已有6000多年历史。原先脚印并不裸露于地面，而是深深埋在地面以下几米的泥土里。经过数千年的大自然变迁和气候变化，尤其是雨水不断侵蚀、冲洗，脚印终于露出地面，沐浴在阳光下。

整个古人类足迹遗址由两个石坑组成，一个为正方形，另一个呈长方形，坑深2～3米，坑底平整，石头地面，就在这平坦整齐的

石头地面上印着一排排大大小小、深浅不一的脚印。然而，不管脚印大小、深浅，均清晰可辨，有的甚至连每个脚趾都可看得清清楚楚，仿佛雨后人们在湿润土地上刚刚走过留下的。在这些人类的脚印中间时而还夹杂着一些动物的足迹。

这些明晰可鉴的脚印是如何留在坚硬的石头上的呢？为什么阿卡华林卡一带地面都是石头路面呢？经过考古学家分析和鉴定，得出这样的结论，即这里的石头原来都是由附近火山喷发出来的岩浆冷却、凝固、硬化而成的，而那些脚印是岩浆尚没有硬化成石头前留下来的。那么，人们又不禁要问，人和动物又怎么能在滚烫的岩浆上行走呢？考古工作者和科学家们在对阿卡华林卡及其周围地形进行了详尽周密的考察和分析研究后，发现这里地处尼加拉瓜火山最集中的地区，南面由火山爆发而形成的火山湖泊就有3个，世界

地理趣闻

著名的、也是美洲大陆唯一终年保持熔岩液态的火山——马萨亚火山就在阿卡华林卡东北面，那是一片火山洼地，面积54平方千米。马萨亚火山海拔615米，顶峰的圣地亚哥火山口常年沸腾，金色熔岩噼啪作响地翻滚，最高温度达1015℃。马萨亚火山旁边还有一座活火山。因此，几千年来，这里的火山喷发几乎一直在进行着。科学家们推断，很可能在某次火山突然喷发时，人们正在睡梦中，或在田野里劳动，没有丝毫防备，也来不及逃避，只得等到火山喷发间歇时找个场所躲避一下，这些脚印正是被惊吓的人们在逃离火山喷发现场时留在已硬化了的熔岩上的。熔岩的凝结和硬化过程非常快，从滚烫的岩浆化为冷却的岩石仅需几小时的工夫。不过人们又看到，当火山喷发出岩浆后还有大量火山灰从火山口喷射出来，火山灰犹如一层厚厚的石棉盖在熔岩上，起了隔热的作用，同时又使人能在火山灰上行走时在正在硬化的熔岩上留下清晰的脚印。美国的科学家和考古工作者为了证实这个推断的正确性，在1915年加利福尼亚拉森火山爆发的现场做了上述的试验，结果正是如此。此外，从阿卡华林卡周围的地理位置看，当时要逃的话，只能朝北面的马那瓜湖方向，而那些古人类脚印正是朝着波光粼粼的马那瓜湖湖边延伸过去的。

然而，另外一部分专家学者不同意上述看法。他们提出，当一个人遇到危险，处在岌岌可危境地时，头脑里第一个闪念就是想方设法脱离虎口，因此，这时他一定会使尽浑身力气拼命奔跑。但现在人们看到的足迹，脚印间距离很短，这显然是人在慢慢悠悠地行走时留下的，而不是遇险奔跑时留下的，何况有的脚印还踩得很深，似乎连脚跟到脚踝都深深陷进了泥土里，这只有人在负重的情况下才会这样，难道这些人在逃离时身上还驮着许多东西不成？这实在是不符合常理，也很难使人理解和相信。

阿卡华林卡脚印至今被一层神秘的迷雾笼罩着，人们带着疑团前来参观，但直到离开时仍对这些稀奇的脚印充满了疑惑和不尽的假想。也许有那么一天，人类会拨开迷雾见到真相，也许这些脚印将永远成为一个无法解开的谜。

人类的祖先7万年前差点灭绝

约7万年前，人类的祖先曾濒临灭绝的边缘——这是美国斯坦福大学和俄罗斯科学学会的科学家日前得出的惊人结论。他们对现代人类起源问题和人类基因进行了多年联合研究。

科学家宣称，大约7万年前，人口最少的时候，地球上仅有2000多人，而且全部在非洲。目前地球上的70多亿人口，其实全都是这2000多名人类祖先繁衍出来的。该研究成果早已在美

地理趣闻

国科学杂志《人类基因》上发表。《北京晨报》也刊文转载了这次的研究成果。

这份研究报告称，与人类的近亲黑猩猩不同的是——几乎所有人类的DNA基因都是极其相似的。事实上，随便抽出一组黑猩猩比较一下，它们的基因差异都比地球上70多亿人口的基因差异明显。科学家认为，人类的基因差异之所以如此微小，正是因为所有现代人类都是由数万年前的"一小撮"祖先繁衍而来的。

不过，人类的DNA还是有某种微小的差别的，科学家们找到了DNA中某一小段叫作微卫星体的部分，以此来区别不同的个体。在父子的基因传递过程中，只有微卫星体部分才具有很高的变异性或差错率。美国斯坦福大学和俄罗斯科学学会的科学家们采集了全球52个地区1056人的DNA"微卫星体"数据，对其中377例进行了比较。研究数据显示，现代人类的DNA特征正好位于非洲撒哈拉地区两个古老的"采猎部落"——刚果盆地的俾格米人和博茨瓦纳的土著人的DNA特征之间，科学家们断定这两支部落就是现代人"最古老的亲戚"。斯坦福大学科学家马克斯·菲德曼在研究报告中写道："我们的研究结果与'人类祖先走出非洲'的理论完全吻合，大约7万年前，人类祖先离开了非洲，经过一系列移民，遍布到了欧洲、亚洲、大洋洲和美洲各地。"

那么，是什么原因导致地球上仅剩下2000多人呢？这样的灾难在遥远的将来是否还会再次发生？科学家们对此也没有确切的答案。一些科学家认为，很可能正是地球上超级火山的爆发才差点导致了人类祖先的灭绝。英国伦敦大学地球物理学教授比尔·麦格称，大约7万年前，地球上的确曾经有过一次毁灭性的超级火山大爆发。比尔·麦格说："大约73500年前，印尼苏门答腊岛附近发生过一件人类从来没有想到过的巨大灾难。那里发生过一场也许是地球有史以来最大的火山爆发，如今那里仍有一个100千米长的巨洞。然而，这次火山爆发的威力不是因为它的尺寸，而是因为它喷出的物质——硫酸烟雾是如此之多，遮蔽了整个地球，长达好几年，地球到处都处在一片如月色般的昏暗之中。据估计，大约有1400立方英里的火山灰被喷发出来。苏门答腊岛托巴火山爆发后，地球上的生命仍然能够幸存，如果这里面没有一个不为人知的秘密的话，那就存在着一个上帝的奇迹。"

5000万年前的"巨人堤道"

英国北爱尔兰的安特里姆郡北海岸有一处著名的"巨人堤

地理趣闻

道"(又称"巨人之路"），1986年，联合国教科文组织将其列入世界遗产名录。"巨人堤道"由4万多根紧紧裹在一起的笔直的玄武岩石柱组成。这些石柱的直径都在38～50厘米之间，横断面呈五角、六角或八角形，最高的约12米，有些嵌在悬崖中的高达27米。它们的顶端呈阶梯状，构成大、中、小三个中心，绵延6000多米，从悬崖脚下一直延伸到海底。山依海势、海借山景，鬼斧神工的"巨人堤道"与美丽的童话传说共同构成的世界奇迹，被北爱尔兰人骄傲地称为"世界第八大奇观"。

1692年，德里大主教访问这里后留下了最早的历史记录。1797年，一位叫拉托那亚的骑士带着雨伞、骑着快马疾驰上悬崖时，他和他的马都被眼前的神奇景象惊呆了。他的描述引来无数好奇的人们不远万里来到这偏僻的海角一睹为快。到这里来之前几乎

所有人都首先猜测，这是一个巨大的海堤工程。历史学家、神学家们争论了上百年，这几万根擎天柱一般的石柱是谁凿造的？又如何运来？如何打入海底？

塑传奇，民间不乏关于神的故事。流传最广的是该石柱阵系远古时代爱尔兰巨人芬·麦克库尔所建。麦克库尔是爱尔兰的一名武士，担任爱尔兰国王的军队司令。传说中，他神勇无比、力大无穷。在一次与苏格兰巨人的战斗中，他铲起一大块泥土掷向逃跑的对手，泥土掉进海里，旋即成为曼岛，而那个铲土的洞被水灌满后成为尼格湖。

对他建堤道的缘由有"文""武"两种说法。一种说法称：麦克库尔住在安特里姆海岬，不受法律约束，也不用付租金，快乐而满足。因他爱上了斯塔法岛上的女巨人，就修建了这条宽敞的大道，把女巨人接到爱尔兰来。另一种说法更有趣：经常隔海叫阵的麦克库尔要与苏格兰巨人芬·盖尔决斗。为此，麦克库尔开凿石柱，并把它们移到海底，铺成了这个堤道。为了建堤坝，筋疲力尽的麦克库尔已经一个星期没有合眼了，他正准备睡觉，盖尔来挑战了。麦克库尔急中生智，把自己扮成婴儿睡在婴儿床里。他的妻子对上门的盖尔说，麦克库尔出去了，等一会儿吧。

妻子烧茶时，盖尔环顾室内，看到婴儿床上沉睡的麦克库尔，暗自吃惊：婴儿都如此巨大，其父该是何等庞然大物？他用手指逗弄"婴儿"的脸，一下被咬断了手指。盖尔大惊失色：婴儿尚如此凶猛，何况其父？没等麦克库尔的妻子上茶，盖尔已吓得夺路而逃，过海时还匆忙捣毁了堤道，从此不再挑战。而这段残留的堤道被称为"巨人堤道"保留至今。

地理趣闻

　　"巨人堤道"在1790年~1830年的"地质学的英雄时代"成为研究课题之一，科学家们揭开了它的谜底。"巨人堤道"大约形成于5000万~6000万年前的火山频发期。玄武岩由火山熔岩形成，在冷却时受到冰冷海水刺激，收缩爆裂形成极细小的裂缝，地质学家称之为"节理"。熔岩爆裂时所产生的节理一般具有垂直延伸的特点，在水流沿节理流动的过程中，久而久之形成这种聚集在一起的多边形石柱群，加上海浪冲击，将之在不同高度处截断，便呈现出高低参差的石柱林地貌。

　　今天的"巨人堤道"已成为世界旅游大热点之一。到了夏天，来自世界各地的游客几乎站满每根石柱。游客虽多，整个景区却得到了国家遗产基金会的很好保护。景区内完全是原生状态，没有任何人工的痕迹，除了从游客中心到景点的小班车外，没有其他车辆进入。为满足日益增多的游客需要，政府决定扩建游客中心，新的游客中心已在2007年建成，是一座纪念碑式的建筑，素朴地静立于天地之间，具有与环境互动的特质。在1800平方米的区域内，包括教育设施、零售商店、餐饮设施、旅游资讯中心等，既方便游客，又避免建筑对自然环境的干扰，保持了这一海岸断崖上气势磅礴的著名景观及地平线的视觉完整性。

不可思议的时间静止和倒退

相信许多人在欣赏美国影片《回到1872年》后，在为主人公不惜生命代价，回到过去拯救芝加哥市民的义举而击节赞叹时，总以为这是艺术家的虚构，现实中不会有这种事情的发生。孔子早就有过"逝者如斯夫"的名言，时光匆匆，怎能倒流？然而，大千世界，无奇不有，在20世纪，时光倒流竟不可思议地发生了。1994年初，一架意大利客机在非洲海岸上空飞行。突然，客机从控制室的雷达屏幕上消失了。正当地面上的机场工作人员焦急万分之际，客机又在原来的空域出现，雷达又追踪到了客机的讯号。最后，这架客机安全降落在意大利境内的机场。然而，客机上的机组人员和315名乘客，并不知道他们曾经"失踪"过。机长巴达里疑惑不解地说："我们的班机由马尼拉起飞后，一直都很平稳，没有任何意外发生，但控制室竟说失去班机的踪影，实在有点不寻常。"不过，到达机场时，每个乘客的手表都慢了20分钟。无独有偶。据资料记载，1970年也发生过类似的奇闻。当时，一架727喷气客机在飞往美国迈阿密国际机场的旅途中，也无故"失踪"了10分钟。10分钟以后，客机也在原来的地方出现，接着，安全飞抵目的地。客机上的所有人也都不知道发生了什么事，而最终使他

地理趣闻

们相信他们曾"失踪"的理由也是因为所有人的手表都慢了10分钟。对此现象,专家们认为,唯一的解释是:在"失踪"的一刹那,时间"静止"不动了,或者说出现了时光倒流。

就在意大利客机空中"失踪"的同一年,媒体又披露了发生在埃及的时光倒流4000年的奇闻:一枚尚未发行的现代银币,被深藏在一座太阳神庙的地底下。当时,一个由法国考古学家组成的考古工作队,来到尼罗河畔最早出现人类活动的地区进行科学考察。他们发现了一座太阳神庙,距今已有4000年的历史。由于人迹罕至,庙宇早已倾塌,仅是废墟一座,故而显得十分荒凉。当考古学家在对废墟进行发掘时,在一块古老的石碑下,发现了一枚深埋在地下的银币。奇怪的是,这不是一枚古埃及银币,而是一枚美国银币,

更加奇怪的是，这不是一枚美国古银币，而是一枚美国现代银币。最不可思议的是，这是一枚已经铸造好的面值25美分的银币，准备在1997年才进入市场流通。尚在美国金库中"留守"的美国现代银币，为何"跑到"4000年前的古埃及庙宇中？科学家们百思不得其解。随着苏联的解体，一些机密文件不断解密面世，科学家查阅到其中也有时光倒流的内容。那是在1971年8月的一天，苏联飞行员亚历山大·斯诺夫驾驶米格21型飞机在做例行飞行时，无意中"闯入"了古埃及。他看到了金字塔建造的场面：在一望无际的荒漠中，一座金字塔巍然矗立，而另一座金字塔刚刚奠起塔基……

1986年，一位美国飞行员驾驶SR71型高空侦察机飞越佛罗里达州中心城区时，突然进入"时空屏障"，来到了中世纪的欧洲上空。他在递交给军方有关部门的报告中这样说，飞机掠过树梢，可以感受到巨大的篝火发出的热浪，成堆的尸体令人触目惊心。专家

地理趣闻

们调查后指出：这位空军飞行员看到的是欧洲历史上发生的"黑死病"的情景。由鼠疫引发的瘟疫波及整个欧洲大陆，成千上万的人倒毙街头，是一场名副其实的灾难。

如果说上述因时光倒流而回到从前的事只是偶然发生就并不稀奇，甚至，令人怀疑。蹊跷的是，物理学家马西教授也向世人展示了来自北约的绝密报告。报告中所描述的事实，同样令人匪夷所思：1982年，一位北约飞行员在一次从北欧起飞的飞行训练中，他的视野里，竟然出现了数百只恐龙，飞机竟然来到了史前非洲大陆。还有一位北约飞行员在飞行途中，"误入"第二次世界大战时期的德国战场。盟军和德军战机的飞行员都看见了他，他也看见了他们，仅仅1分钟后，他又回到了现实。

难道时光真的可以倒流吗？

从实际上说，人类的智慧尚不足以阻挡时间的飞进；而从理论上来说，时光倒流，回到从前绝非不可能。根据爱因斯坦的理论，时间和空间可以在光速中发生变化。所以，假如一个物体以每秒30万千米的光速飞行时，空间可以缩短，时间可以变慢。加利福尼亚州立大学的一位物理学家通过计算后称：人类从地球到达仙女座需要20万年，而在光速飞船上仅需20年。

那么，这种美妙的事情是否会真的发生呢？回答是肯定的。因为科学家们已经发现宇宙中存在比光速还要快的神秘质点。

科学家们研究发现：当太空船经过重力场时，把重力场的拉力转换成推力，太空船在那段时间内，便可以以光速甚至超光速飞行。美国航空航天局的专家们建立了"时空场共振理论"，这是以爱因斯坦和德国物理学家海森堡的"统一场论"为基础建立的。其

第五章 时光倒流之谜

主要内容是：借助电磁、重力、光速和时空共同演变的伸缩性，瞬间跨越恒星际空间。到了那时，时光倒流将不再是个待解之谜。

关于时光倒流的科学研究，美国物理学家福特和罗曼认为，爱因斯坦的相对论并没有严格排除快于光速的旅行或时光旅行。时光旅行须具备两大条件，即"虫孔"和"负面能源"。宇宙间不同的时间和空间通过"虫孔"可以互通。"负面能源"可以抗拒地心引力，用来打开"虫孔"，稳定"时光隧道"。牛津大学理论物理学教授强森也相信有朝一日，人类将能够遨游宇宙，纵横古今。

塔弗兹大学的福特教授说，"回到过去"在逻辑上就有问题。电影里面，回到祖父母未曾谋面的时代，孙子"阻挠"他们见面，就不会有父母产生，当然，"主角"——孙子就更不可能诞生了。不过，"可能派"科学家提出妙论说，来到"过去"的人无法像电影里那位孙子想阻挠或干预过去已经发生的事，"时光旅客"只能观看，不能动手改变过去，这就没有逻辑问题了。

海啸冲出印度古文明

"水落石出"本是"真相大白"的意思，但是印度洋海啸却让刚刚"水落石出"的古迹披上一层神秘的色彩。印度泰米尔纳德邦的玛玛拉普罗姆附近发现了两座被海水冲刷出来的古代石雕。这个发现在印度文化界引起不小的轰动。

玛玛拉普罗姆地区在印度颇有名气，那里的古代雕塑已被联

地理趣闻

合国教科文组织列为世界文化遗产。其中著名的"沙滩神庙"建造于公元7世纪。虽然千年海风早就磨平了神庙石雕的细微部分，但整个雕塑群依然富有艺术感染力。由于神庙离海滩太近，仅700米，大部分石雕群已处于沙土包围中。新发现的石雕位于"沙滩神庙"南侧几百米。一块花岗岩石雕上有狮子、马、大象和保护神。另一座石雕为两头狮子，旁边还有一群矮小武士。由于这片方圆8平方千米的古都旧址上散布着众多古迹，两座石雕在海啸中刚刚被冲刷出来后，并未引起当地人注意。考古人员在检查当地古迹受损情况时，才惊讶地发现那里突然多了两块石雕。经核实，认定是被海啸冲刷出来的。

考古学家指出，这些雕塑是公元7～8世纪的作品，具有明显的帕拉瓦王朝风格。统辖着印度东南沿海地区的帕拉瓦王朝在公元5～8世纪达到全盛时期，并在这一时期创造出了最具代表性的

石雕艺术。其实，这些石雕原本并未全部埋在沙土中，其中一座石雕的神龛一直露在地面上。当地渔民出海时，常在神龛前念经祈祷。在新发现的石雕附近，考古专家还发现了一些被大水冲刷出来的石墙残壁，估计是庙宇的一部分。他们推测，附近海底和沙土中可能还有古代石雕。

本来这些石雕都是印度教兴起时期的作品，与佛教并无关系，但一尊神秘漂来的青铜佛像，又给人们带来更多的想象空间。海啸之后，惊魂未定的人们一边寻找亲人，一面寻找被水冲走的财物。一些村民在玛玛拉普罗姆海岸发现了一只木筏，上面有个竹制盒子，盒里有一尊高15.24厘米的青铜佛。佛陀盘腿坐在莲花上，双手捧着化缘钵，与经典的佛陀造型有很大不同。

由于发现佛像的地点就在新出土的石雕附近，两块重见天日的

地理趣闻

印度教石雕也因此被笼罩上佛家的神秘色彩。

当消息传到印度洋周围的佛教国家后,就被某些宗教媒体渲染成"神明显灵"。这一消息也惊动了印度考古学会。考古专家在研究了铜佛后指出,这尊未标明制作年代的佛像并不古老。佛像后的缅甸文表明它的铸造地。这尊佛像估计是在从缅甸运往泰国时遭遇海啸袭击,木筏被强大的海浪推到了印度东海岸。

尽管印度专家已解释了铜佛的来历,但在佛教徒们看来,莲花青铜佛像在海啸中安然无恙,漂洋过海来到佛陀故乡,自然是让人津津乐道的话题。

苏联"时光倒流"绝密实验内幕

自从远古以来,"时间"就一直是最复杂的科学问题,而且以"时间"为课题的研究也很少,但18年前,美英两国在南极洲进行科学考察时,科学家们终于有了惊人发现。南极上空的迷雾——时光倒流30年!

1995年1月27日,美国物理学家马瑞安·麦克林告诉研究员们注意观察南极洲上空的那些不断旋转的灰白色的烟雾。最初,他们认为这些只是普通的沙暴。但是这些灰白色的烟雾并没有随着时间的进程而改变形状,也没有移动。研究人员决定认真研究这种现象。他们发射了一个气象气球,气球上装备了测定风速、温度和大气湿度的仪器。然而,刚一发射,这个气球就急速地上升，并很快就消失了。

过了一会儿，研究人员利用拴在气球上的绳子收回了这个气球。但是，让他们感到震惊的是，这个气球的计时器显示的时间是1965年1月27日，正好提前了30年！在确认气球上的仪器没有损坏后，研究人员又进行了几次同样的试验。但是每次都表明时间倒退了，计时器显示的是过去的时间。这个现象被称作"时间之门"。研究人员向白宫作了汇报。

现在，针对这些不同寻常的现象所作的研究仍在进行着。人们推测，南极洲上空的那个不停旋转的空间是一个可以通往其他时间的通道。而且把人送往其他时间的研究项目也已经开始。美国中央情报局和联邦调查局正在为这个可能会改变历史进程的研究项目的控制权而展开激烈的争夺。目前，尚不清楚美国当局会在什么时候批准这项试验。

地理趣闻

著名的俄罗斯科学家内克雷·克兹列夫做了一项试验来证明从将来返回到过去是可能的。他通过假设即时的信息可以通过时间的物理特性进行传送来证明他的观点。内克雷·克兹列夫甚至假定，"时间可以完成工作并且能够产生能量"。一位美国物理学家也得出了这样的结论，时间在这个世界出现之前就已经存在了。

众所周知，我们每个人在不同的情况下对时间进程会有不同的感觉。曾经有一次，闪电击中了一位登山者。后来，这位登山者告诉别人，他看见闪电进入了他的胳膊，并且沿着胳膊缓慢移动。闪电把他的皮肤和组织分开了，使他的细胞碳化。他觉得那种刺痛的感觉就好像是皮肤下面有无数个刺猬在刺自己。

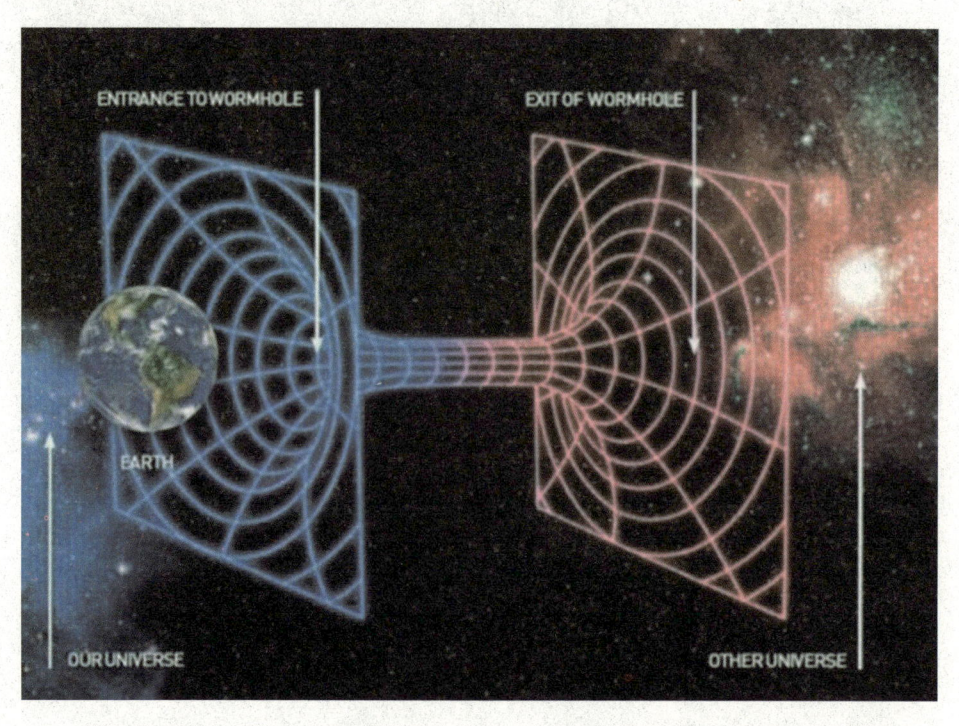

俄罗斯的盖纳迪·比利莫夫是一名反常现象研究员、哲学家，写过大量的专著。他在报纸上发表了论文《时间机器：加速前

第五章　时光倒流之谜

进》。他描述了在瓦蒂姆·车诺布罗夫领导下，一些热衷于时间研究的人所负责实施的一次试验。瓦蒂姆·车诺布罗夫早在1987年的时候，就开始利用地磁泵来制作时间机器。现在，这些研究人员可以通过对磁场施加特殊的冲击来减慢或者加速时间的进程。在试验室设备的作用下，最大限度地减缓时间可以高达每小时1.5秒。

2001年8月，在俄罗斯的伏尔加格勒地区的一个偏僻的森林里，科学工作者对一个新型的时间机器进行了试验。这个机器只用汽车的电瓶作动力，能量很低，但它改变时间的幅度却达到了3%。时间的改变是由对称的晶体振荡器来记录的。

最初，研究人员花5分钟、10分钟、20分钟来操作这台机器，最长的一次，时间持续了半个小时。瓦蒂姆·车诺布罗夫说，人们觉得仿佛进入了另外一个世界。他们可以同时感受到"这边"和"那边"的生活，仿佛空间完全打开了。"我实在无法描述当时我们所经历的那种不同寻常的感受"，瓦蒂姆·车诺布罗夫如此回忆。

任何一家电视公司以及广播公司都没有对这件令人惊讶的事情进行报道。盖纳迪·比利莫夫说，他们甚至没有将这次试验的结果通报最高领导人。然而，他又说，早在斯大林时期就有一个专门研究平行世界的研究所，由学者库查托夫和伊奥澳夫所进行的试验的结果可以在档案里找到。

1952年，苏联秘密警察组织领导人贝利亚开始立案调查那些试验的参与人员，结果有18名专家被枪决，59名物理学在读博士生和博士被关进了监狱里。研究所在赫鲁晓夫的领导下重新开始了研究，但在1961年，一个试验平台和8名一流的专家突然全部消失，进行试验的这所建筑周围的一些楼房也都倒塌了。从那以后，苏联政

地理趣闻

治局和部长委员会决定暂时停止这些对"不可预测的时代"所进行的研究,直到1987年才恢复试验。

1989年8月30日,再一次悲剧发生了。位于安州岛的这家研究所的分支办公室发生了剧烈爆炸。爆炸不仅破坏了重达780吨的试验舱体,而且也毁掉了这个占地2平方千米的小岛。关于这个悲剧有这样一种说法,载有3名实验者的舱体在另外的空间中或者是在进入另外的空间的过程中撞上了一个巨大的物体,可能是小行星一类的东西。因为丧失了动力系统,舱体很可能留在了另外的空间中。

保留在档案中的,关于这次试验的最后记录这样写道:"我们马上就要死掉了,但是我们仍然在进行试验。这里很黑,我们所看见的所有的东西都变成了两个。我们的手和腿都变得透明,我们能够透过皮肤看见血管和骨骼。氧气供应还可以满足43小时,但是生命支持系统破坏得很严重。给我们的家庭和朋友以最好的祝福!"然后信号就突然中断了。

神秘的时光倒流街道

近几年来,英国西部港口城市利物浦的波德大街变得越来越神秘,生活在这条街道上的居民经常会莫名其妙地回到20世纪,连一些专门前来这里探秘的旅行者也声称他们看到了纳粹德军在轰炸利物浦。2009年1月,美国《纽约时报》的记者约翰·惠林顿和珍妮·博英格来到了这条神秘的波德大街,珍妮打算到位于波德大街的水石书店买几本书看看。为了验证传闻的真实性，约翰跟在了珍妮的后面。约翰跟着珍妮走了几分钟，看到了波德大街上的亚里士多德邮局，他们没有进邮局，而是径直向前走去。然而，约翰渐渐感觉有什么地方不对劲儿，路上的男人都穿着老式的衣服，还戴着礼帽，妇女的打扮则像20世纪四五十年代的人一样。

约翰到达水石书店后，发现这里并不卖书，橱窗上摆放的都是些女式手提包、女鞋和雨伞，约翰站在门口有点恐慌，却看到书店旁边站着一个和他同时代打扮的女士，这位女士也很茫然。约翰首先问道："这里不是应该卖书的吗？"女士回答说："是啊！"说

地理趣闻

完她便匆匆离开了。令人惊奇的是，约翰走进这家书店，竟然看到珍妮买了一大堆书。"约翰·惠林顿曾在美国海军陆战队服役，对周围的事物有很强的洞察力。他之前并不相信波德大街有什么超自然的现象存在。"《纽约时报》的编辑这样评价约翰·惠林顿。随后，《纽约时报》的编辑马上就此事和英国的科学机构取得了联系。他们认为，约翰所描述的情况只能出现在20世纪50年代，那时波德大街上还没有水石书店，但却有一家销售妇女用品的商店。约翰·惠林顿并不是第一个碰到这种情况的人。从2006年起，有100多人报告了波德大街的神秘现象，其中90%的人异口同声地宣称他们回到了20世纪50年代，还有人甚至说自己看到了20世纪40年代轰炸利物浦的纳粹飞机。

时光倒流打乱了波德大街居民的正常生活，利物浦警方为此还

立案调查，看是不是有人故意恶作剧，没想到最终连前去调查的警察也陷入了同样的困惑中。利物浦高级警官蒂姆·温斯柏尔说："心理学家认为这是歇斯底里发作时的幻觉，可是有100多人都经历过这样的场景，他们并非事先串通，其中不乏英国的知名人物。"

人们对波德大街上发生的超自然现象提出了各种猜想，许多科学家认为，波德大街奇异现象的源头就是附近的中央车站近年来使用了石英等多种物质进行建设的结果，某些不为人知的磁性反应使得波德大街时常会发生时光倒流的现象

千年古城以弗所

千年古城以弗所位于土耳其西部的爱琴海东岸，目前已被列入世界文化遗产名录。

以弗所古城在公元前10世纪由雅典殖民者所建，是地中海东岸保存得最完好的古典城市。在漫长的岁月里，以弗所屡遭战火蹂躏，又屡次重建。公元前334年，亚历山大大帝将以弗所纳入希腊帝国版图，这时的以弗所兴盛繁华达到高峰，人口达四五十万。后几经变迁，以弗所最终毁于地震和港口淤塞。

爱奥尼亚人在城市建设中，把人体美赋予建筑，广泛采用柱型架构，配上大量雕塑和壁画，创造了闻名世界的爱奥尼亚式建筑风格。在以弗所古城遗址中，一根根大理石柱头具有爱奥尼亚式建筑风格的典型特征，柱头左右各有一个秀逸纤巧的涡卷，就像一位端

地理趣闻

庄的女子亭亭玉立。赫拉克勒斯门柱上面的赫拉克勒斯大力士雕像清晰可见,但拱门上面原有的胜利女神浮雕早已不见踪影。不远处的普里塔内翁圣火台仍保存完好,作为以弗所象征的维斯塔女神守护的圣火,曾经燃烧了几个世纪。

遥想当年,大理石铺就的街道两旁竖立着雕刻精美的大理石柱街灯,每当傍晚时分华灯初上,市内游人如织,港口商船云集,一派歌舞升平的繁荣景象。如今,街道两侧的大理石柱已残缺不全,只有铺在街面上的大理石块仍然光可鉴人。这条大街上最精美的建筑是哈德良神庙。哈德良是公元2世纪前叶罗马帝国的君主,帝国在他统治下获得广阔的疆域。神庙就是献给这位罗马君主的礼物。

当年,以弗所是重要的宗教圣地。基督教历史上极其重要的人物,保罗曾在此传教。保罗是生于今土耳其境内的犹太人后裔,开始坚持犹太教传统,后来皈依基督教。他一生中进行

第五章 时光倒流之谜

了漫长的传教之旅，足迹遍至小亚细亚、希腊、意大利各地，影响深远。公元53年，保罗来到以弗所布道，赢得了大批信众，并建立了第一座基督教堂。然而，保罗的传教活动在以弗所引起轩然大波，因为当地的珠宝商靠贩卖阿尔忒弥斯的银像赚钱，改变信仰无异于要断他们的财路。于是，珠宝商们在大剧场组织万人大会，反对保罗。保罗被迫出走，最终被囚于罗马。在狱中，他写下了著名的《以弗所书》给远在以弗所的外邦信徒。塞尔丘克图书馆遗址是以弗所的标志性建筑，它是罗马人提贝留斯为纪念其父塞尔丘克统治以弗所而建的壮观建筑。整个建筑的外墙呈金黄色，远远望去，金碧辉煌。据说，荷马、亚里士多德都曾在此写作教学。据推测，当时图书馆藏书超过1万册，号称当时世界三大图书馆之一。

靠近北门的建筑是可以容纳2.5万人的圆形露天大剧场。这个剧

地理趣闻

场是世界上最大的古罗马剧场之一。依山坡顺势而建的梯田式观众席，错落有致，紧凑美观。剧场前排是为贵族专用的贵宾席，后排座位是普通席。中央舞台的设计也很别致，整个剧场由几十米高的石墙环绕着，音响效果极佳。这里曾经上演过堪称西方戏剧曙光的古希腊悲剧。后来，罗马人改建了剧场，并引进了更具游戏性质的角斗士表演。据说这个剧场现在还在使用，每年夏秋之际的艺术节期间，这里天天有演出。露天剧场对面是500米长的港口大道。大道两侧装点着精美的大理石柱廊。当年的港口大道直通爱琴海岸。据说，马可·波罗就是从这里走向爱琴海，走向中国的。

昔日美丽的古城早已消逝，但它留下的断壁残垣、石柱、拱门，就像美女远去的背影，依然迷人。

玛雅古城探秘

因为"2012世界末日"说的缘故，很多人对玛雅文明产生了兴趣。而玛雅文明的崩溃，正是考古界最大的疑案之一，存在很多种假说。对于旅行者来说，在玛雅古迹当中寻找其崩溃前的蛛丝马迹确实是一件很有吸引力的事情。蒂卡尔古城中心广场北面和南面的卫城遗址，就为爱好探秘和推理的旅行者提供了一个绝佳的"考察现场"。

虽然西班牙殖民者早在18世纪中期就发现了玛雅古迹，但普通公众对玛雅文明的兴趣却是源自19世纪40年代出版的一本美洲游记。

第五章 时光倒流之谜

1839年，美国探险家约翰·史蒂芬斯和画家弗里德里希·卡特伍德组织了一个探险队考察了尤卡坦半岛，两人用了两年的时间找到了44个玛雅古城，并把这段经历写成游记。游记出版后，受到全世界读者的狂热追捧，并被后人誉为19世纪最杰出的探险类文学作品之一，好莱坞系列电影《印第安纳·琼斯》基本上就是以史蒂芬斯为原型改编出来的。面对蒂卡尔如此宏伟的建筑，确实很难想象这是1000多年前的玛雅人仅用石器作为工具建造的。不过，广场旁边的一座小金字塔提供了部分答案。那座名为"失去的世界"的金字塔被考古学家从中间挖开了，露出了里面一个很小的金字塔，同位素检测得出它建于公元前800年。原来，玛雅人认为世界每52年轮回一次，因此每隔52年就在原有的金字塔上再搭一层石头，现在大家看到的金字塔都是这样一层一层地搭出来的。根据玛雅壁画和文字记载，玛雅人非常喜欢用活人来祭拜神灵，这在今天看来极为残忍。

地理趣闻

比如，玛雅人最常用的方式就是把人绑在石柱上，然后用石刀将胸部割开，取出还在跳动着的心脏祭神。蒂卡尔有很多座金字塔，每座金字塔前都立着几根石柱，都是绑人用的。玛雅人用一种植物迷幻药让被绑着的人失去知觉，这样被绑的人就不会挣扎得太过激烈。被用来祭祀的人大都是从敌国抓来的俘虏，其中大多数都是敌国的贵族。原来，早期玛雅人的战争方式有点像同时代的中国，或者更准确地说，有点像《三国演义》里描写的战争方式，即先由双方将领捉对厮杀，胜者即为胜利。玛雅人的做法更极端，只有贵族才有资格打仗，打仗的目的也仅仅是活捉对方的首领，不会破坏对方城池或者杀死敌国的平民。换句话说，早期的玛雅战争只具有象征性的意义，玛雅人甚至规定只有金星运行到某一位置时才能开战，为的就是强行减少战争的次数，避免无谓的损失。

第五章 时光倒流之谜

有趣的是，蒂卡尔王国恰恰是因为没有遵守玛雅战争守则而战胜了强大的邻国。根据蒂卡尔出土的石雕记载，大约在公元4世纪初期，一位绰号"美洲豹爪"的人登上了蒂卡尔国王的宝座。他从位于墨西哥中部的提奥提华坎王国那里学来了一种新的战斗方式，不再按照老规矩和敌人进行近身肉搏，而是先想办法把敌人围住，然后向他们投掷石矛。"美洲豹爪"的军队凭借这一取巧的作战方式击败了周边的几个敌国，蒂卡尔一跃成为整个玛雅文明的中心。可惜好景不长，这招被其他王国学会了。公元562年，一个名叫卡拉考的小国出了一位绰号叫作"水王"的国王，他用从蒂卡尔学来的战法打败了蒂卡尔，活捉了当时的蒂卡尔国王并立即将其处死。蒂卡尔从此一蹶不振，直到公元700年时又出了个能征善战的国王阿赫·卡考，这才重振雄风，蒂卡尔重新成为玛雅文明的中心。玛雅的贵族和平民阶层很容易区分，前者不但身材高大，而且头骨大都变形，牙齿也被刻意磨成了锯齿形，有的还镶有小块的玉石。身材高大是因为营养好，变形的头骨则是小时候父母用木板夹出来的。玛雅贵族都希望自己长得"有异相"，有人把头骨压扁，模仿美洲豹，还有人把头骨压长，模仿玉米穗。鼻子也是他们整形的对象，玛雅贵族喜欢在鼻梁骨里垫东西，这就是帕伦克出土的那座"宇航员"石雕中的"额鼻人"的来源。

玛雅贵族们之所以如此爱好整形，是因为他们自称自己不是普通人，而是天神下凡，能替老百姓带话给神仙，求他们保佑。玛雅和所有早期农耕社会一样，对大自然的依赖度很高。玛雅文明崇拜很多自然神，无论是太阳月亮还是山川河流都被他们当作神仙顶礼膜拜，甚至连玉米都被玛雅人敬为神灵。卫城是玛雅贵

地理趣闻

族们的居住地，北面的卫城据说是蒂卡尔古城发迹的起点，有着2500年的历史。城内的建筑物都不高，但围墙很多，有些围墙明显是后来添加的，说明人口不断膨胀，只能靠加围墙来容纳新增人口。蒂卡尔的卫城内没有厕所，当时的贵族们都要去城外指定地点方便，然后把排泄物集中起来作为肥料。蒂卡尔主城区只有不到4平方千米，大部分人口均住在城外，以务农为生。尤卡坦半岛的土壤并不肥沃，玛雅农民必须采用刀耕火种的办法，依靠焚烧森林产生的草木灰作为肥料。正常情况下，一块地种几年庄稼后就得休耕，再重新烧另一片森林。但当人口增加到一定程度后，玛雅人就顾不上休耕了。于是，玛雅居住区内的所有森林全都被砍伐殆尽，其结果就是土壤肥力下降，并伴随着严重的水土流失，很多玛雅古城附近的土层都能找到当年森林被破坏的痕迹。

第五章 时光倒流之谜

　　通常情况下，一旦出现天灾，国王就派上了用场。玛雅的王公贵族们一直宣称自己是天神下凡，农民们之所以自愿缴纳赋税，就是为了在天灾发生的时候祈求国王向天神祈祷，以此来结束天灾。考古结果证明，雨神是玛雅人信奉的几十个神灵当中出现次数最多的，可见玛雅历史上曾经遭受过多次旱灾。科学家通过研究加勒比海海底的沉积层，发现这一地区在公元9世纪的时候经历过一次非常严重的干旱，其程度是过去几千年来最严重的。可以想象，这次严重的旱灾让国王们的神通突然不灵了，再多的人祭祀也无济于事，王公贵族们的威信遭到了前所未有的挑战。

　　玛雅人的数学才能非常突出，在同时代的古文明当中鲜有对手。其中最为人称道的是玛雅人独特的历法。玛雅人一共有两套复杂的历法，只有贵族才能掌握。一套是指导生产用的年历，每年18

地理趣闻

个月，每个月20天，多出来的5天被认为很不吉利，通常不对外宣布，而是偷偷地过掉。另一套历法是用来指导宗教活动的，每年只有13个月，每个月也是20天，算下来每年只有260天。两套历法同时使用的结果就是每隔52年才会重合一次，于是玛雅人认为这个世界每52年轮回一次，这就是为什么玛雅金字塔每隔52年就要加盖一层的原因。对于超过52年的历史，玛雅人又发明了另一套算法，其基础就是玛雅人独特的20进制。玛雅人认为，目前这个世界起源于公元前3114年9月6日，按照那套算法，每隔5125年左右就要来一次新的"大轮回"，于是这个世界将在2012年12月21日结束，这就是"2012世界末日"这个说法的来源。如果明白了玛雅历法是怎么回事，不难发现，"2012世界末日"纯属巧合，没有任何实际含义。事实上，这件事恰好反映了玛雅人的数学体系其实是相当原始的，现代人通用的历法远比玛雅历要准确得多，也实用得多。

辉煌的玛雅文明差一点就永远地消失在历史的长河中，如今也只能靠考古学家们从森林中挖出的一点残存的线索，费劲地拼凑出当年的辉煌。不过，玛雅人并没有全部消失，今天还有不少纯正的玛雅人生活在这片土地上，只不过他们全都被赶到了与世隔绝的地方，要想找到他们，就必须重新回到蒂卡尔，回到那片翠绿的群山之中。

关于玛雅文明的陨落还有很多其他的假说，比如疾病说和外来文明入侵说等，但主流考古学界大都认为，千年一遇的干旱和玛雅人对自然环境的破坏，以及由此引发的农民暴动是玛雅文明崩溃的主要原因。不过，近来有越来越多的人认为，不能用"崩溃"来形容玛雅文明的这次衰落。玛雅人确实遭到了沉重打击，但他们并没有崩溃，而是化整为零，潜入森林，伺机东山再起。

莫高窟劫难实录

19世纪末20世纪初，当西方列强瓜分中国长江南北的大片领土的时候，在中国的西北地区，帝国主义国家也开始了一场空前的掠夺、瓜分中国古物的竞争。

敦煌莫高窟劫难，是中国近代学术文化史上的最大损失之一。中国敦煌学者的研究因此备历艰辛。由于文献、文物大都流散国外，中国学者只好远涉海外，抄录拍摄少量资料，进行研究。

公元1889年，英国大尉鲍威尔在新疆库车附近的一座废佛塔中，无意中得到了一批梵文贝叶写本。印度的梵文学家霍恩

地理趣闻

雷博士鉴定出这是现存最古老的梵文写本，于是，新疆出土文物的重要学术价值很快就被欧洲学术界得知。而与此同时，法国的杜特伊·德·兰斯探险队，也从新疆和田地区买到了同样古老的卢文贝叶本《法句经》，这些发现大大激发了欧洲日益兴盛的东方学研究。

在此影响下，罗马在1899年召开了第12届国际东方学家大会，成立了"中亚与远东历史、考古、语言、人种探察国际协会"。从这以后，西方各国纷纷派出考察队进入我国新疆、甘肃、西藏等地区，开始大肆掠取沙漠废墟、古城遗址和佛寺洞窟中的古代文物。1908年，俄国科兹洛夫发掘了甘肃居延附近西夏古城黑城子；英国人斯坦因在1900～1901年、1906～1908年、1913～1915年曾3次探险中亚；1899～1902年，瑞典人斯文·赫定考察中亚时发现了楼兰古国遗址；1906～1909年，法国人伯希和考察新疆、甘肃等。另外，日本、荷兰、普鲁士等国的探险队也对中国西部进行考察。数不清的中国古代珍贵文物，从此陆陆续续地被他们掠走，现在收藏于各个国家的图书馆或博物馆中。

在这场空前的文化浩劫中，敦煌藏经洞的文献和文物，也没有逃过劫掠者的魔爪。

据现有的一些史料记载，当时第一个来敦煌盗窃藏经洞文献的外国探险者是英国人斯坦因。早在1902年，斯坦因就从他的同乡好友、地质学家拉乔斯·洛克济那里听说过敦煌莫高窟的精美壁画和雕塑。斯坦因是考古学家，他不懂汉语，他在1907年前往敦煌以前，就已经对新疆塔里木盆地南沿的和田、尼雅、楼兰等多古遗址

第五章　时光倒流之谜

进行过发掘，并盗取了大量文物和古代写本，是一个积累了相当多经验的"考古家"和"发掘家"。所以，在他第二次的中亚探险过程中，楼兰的发掘工作一结束，他就沿罗布泊南的古代丝绸之路，穿过库姆塔格沙漠，于1907年3月16日来到敦煌。

　　斯坦因来到敦煌后不久，听到一个比较重要的消息："莫高窟藏经洞里偶尔发现了大批古文写卷"，"这批无价之宝据称当时已由官府下令封存，由一个道士负责看管"。这激起了斯坦因极大的兴趣。斯坦因立即出发，来到莫高窟找王道士。他看了一卷精美的汉文佛经后，认为密室所藏写卷主要应是佛经。斯坦因虽然不懂汉文，但从外观上已经感觉到这种写本一定很古老。他知道一定得等到王道士回来才能见到大批的写本，所以就抓紧时间返回敦煌县城，雇了一批工人，先去挖掘敦煌西北长城烽燧遗址，获得了大批

汉代简牍。斯坦因回到莫高窟后，先是驻扎在莫高窟外研究壁画，后假言称自己为佛教信徒，骗取王道士的信任，获得了入藏经洞研究的机会。当时，藏经洞的写本还没有大量流散，斯坦因要想和他的中文助手蒋孝琬在洞窟中做翻检工作是不可能的，王道士也怕这样会引起旁人的注意。于是，每天夜里，由王道士入洞，取出一捆写本，拿到附近的一间小屋里，让斯坦因和蒋孝琬翻阅检选。由于数量庞大，斯坦因放弃了给每个写本都编出目录的打算，只从他的考古学标准出发，尽可能多、好地选择写本和绢、纸绘画。就这样，凭着自己的经验，斯坦因用很少的几块银圆和一个绝对严守秘密的保证，换取了满满24箱写本和5箱经过仔细包扎好的绢画或刺绣等艺术品，经过1年6个月的长途运输，于1909年1月完整地抵达伦敦，入藏英国博物馆。

1914年3月，斯坦因第三次中亚探险中经过敦煌时，又从王道士手中得到570卷敦煌文献。可以说，斯坦因是盗走藏经洞文献最多的人。斯坦因因此被誉为"他同时代人中集学者、探险家、考古学家和地理学家于一身的最伟大的一位人物"。然而，在一片喧闹的叫好声中，自始至终存在着另一种声音。即便在英国，也有人谴责他的强盗行径。

前来敦煌盗宝的第二个人是法国的伯希和。伯希和是专门研究中国文化的汉学家，除了精通汉语之外，他还懂得几种中亚流行的语言。他1899年供职于设在越南河内的法国远东学院，并于1901年前往中国购买书籍、绘画和美术品。他在语言上的天赋和对中国图书版本学的知识，为他后来盗窃藏经洞文献提供了极大的方便。

1908年2月25日，伯希和一行人来到莫高窟前。伯希和流利的汉语很快就博得了王道士的好感。在与伯希和的谈话中，王道士发现伯希和并不知道他把一大批写本出卖给斯坦因的事，所以对这些洋人坚守诺言感到满意。很快，伯希和就被引进藏经洞，而且还允许他在洞中挑选。

伯希和挑选完毕，以600两银子换得了藏经洞写本的精华，数量虽然没有斯坦因攫取的多，但质量和史料价值是最高的。1909年5月，伯希和又受法国国立图书馆委托，从河内出发，经南京、天津，到北京购买汉籍。这时，从藏经洞劫得的大批文献已安全运抵巴黎，入藏法国国立图书馆。伯希和于是随身携带一些敦煌珍本，如《尚书释文》《沙州图经》《慧超往五天竺国传》《敦煌碑赞合集》等，来到北京，出示给北京的中国学者，目的是讨好他们，以好在收购其他珍本汉籍时得到帮助。

当时，在北京的许多著名学者如罗振玉、蒋伯斧、王仁俊、董康、宝熙、江瀚、徐枋、吴寅臣等，都前往伯希和寓所参观或抄录，他们为这些珍贵写本落入外人手中大为震惊，立刻上书清朝学部，电令驻兰州的陕甘总督，让敦煌县知县调查清点藏经洞文献，不许卖给外人，并让甘肃布政使何彦升押运送京，交京师图书馆（今北京图书馆）收藏。王道士好像早就料到这一点，在官府清点之前，他早把一些比较好的写本转移收藏起来。而前来押运的清朝官吏不懂文物，并没有把藏经洞文献收拾干净，而且沿途又遗失了不少。

地理趣闻

写本运进北京城后，押运官何彦升并没有马上移交学部，而是拉到自家宅院内，伙同亲友李盛铎、刘廷琛等人，把其中的许多珍贵写本据为己有，然后才交给学部，入藏京师图书馆，总共约9000多件。

据有关史料记载，何彦升家的藏品后来卖给日本京都藤井氏有邻馆，李盛铎家的藏品一部分归南京国立中央图书馆，今在台北。其他的也大部分转售日本了。王道士隐藏起来的写本，一部分后来送给了斯坦因，还有一部分在1911年～1912年被日本大谷探险队的吉川小一郎和橘瑞超买走，总数也有数百卷。大谷探险队的成员，没有经过考古学的训练，从他们在新疆盗掘古墓的行径来看，也不是虔诚的佛教徒。他们得到敦煌写本后，既没有编目，也没有马上放入博物馆保存，以致后来流散各地，甚至不知所终。

俄国的奥登堡是最后一个来藏经洞盗宝的人。他是一名佛家，他率领俄国考察队于1914年～1915年来敦煌活动考察，他们测绘了莫高窟400多个窟的平面图，还拍摄了大量照片。据说，他们还在已经搬空了写本的藏经洞进行了挖掘，结果获得了大批材料，虽然多是碎片，但总数在1万件以上，这些材料目前收藏在苏联科学院东方学研究所列宁格勒分所。因为奥登堡的工作日记一直秘藏在苏联科学院档案库，所以奥登堡如何搞到这么多藏经洞文献，至今仍然是一个谜。